MW01701801

Les Mystères de la Prière

Rev. Docteur Chris Maxwell

Les mystères de la Prière

Volume 1

Ce livre ou tout extrait de ce livre ne peut être reproduit ou transmis de quelque façon par quelque procédé que ce soit sans avoir obtenu au préalable l'autorisation de l'auteur.

Sauf mention différente, toutes les références sont tirées de la Bible Louis Segond.

Publié par les Messages Couronne de vie et Chris Maxwell au Canada.

Courriel: messacourvie@gmail.com

Copyright © 2025 Chris Maxwell

Couverture et mise en page par Les Messages Couronne de Vie et M-CSI.

ISBN: 978-2-9822850-0-2

EPUB: 978-2-9822850-1-9

Dépôt légal, Bibliothèque et Archives nationales du Québec, 2025.

Dépôt légal, Bibliothèque nationale du Canada, 2025.

Dédicaces

Au Saint-Esprit de Dieu, qui m'a inspiré et conduit dans la rédaction de ce livre.

À mon épouse pour son soutien, ses prières et ses conseils qui ont eu un réel impact dans la réalisation de cette œuvre.

À tous mes fils, filles et partenaires dans la foi qui ont soupiré après cette œuvre.

À tous les fils et filles de Dieu partout dans le monde, qui sont engagés dans la prière et à tous ceux qui seront prêts à se jeter dans les eaux de la prière, pour un impact sans pareil.

Dieu vous bénisse!

Remerciements

Je remercie le Seigneur Tout-Puissant, pour la santé et la force qu'il m'a données me permettant de mener à bien ce projet.

Je remercie tous ceux qui de loin comme de près me portent en prière et me soutiennent.

Je remercie ma famille Chrétienne de Montréal pour son soutien.

À Jésus, soit toute la gloire!

Table des matières

Préface

J'ai été dans un pays pour rendre le ministère en vue de l'avancement du royaume de Dieu. J'ai vu le Saint-Esprit de Dieu, à l'œuvre pendant ce grand rendez-vous. J'ai vu des femmes, des jeunes gens et des hommes, être pleinement touchés dans la présence de Dieu. Les délivrances, les guérisons et la restauration des vies, étaient manifestes pour témoigner de la puissance de Dieu. J'ai pu constater que le peuple de Dieu débordait d'une joie indescriptible sous l'onction du Saint-Esprit. Ce mouvement de l'Esprit, n'a été possible que par la prière.

Depuis plusieurs années déjà, je me suis mis à la prière après avoir compris sa nécessité et son importance dans la vie d'un chrétien, disciple de Jésus Christ. Grâce soit rendue à Dieu, de ce qu'il me maintient encore dans sa présence par la prière. Des années durant et de manière progressive, j'ai pu faire l'expérience de la puissance de la prière à différents moments dans ma vie, dans la vie des uns et des autres, par l'œuvre du Saint-Esprit. J'ai entraîné plusieurs disciples de Jésus à, non seulement aimer la prière, mais aussi à la pratiquer. Des femmes et des hommes sont sortis grandis dans l'Esprit par ces puissants moments jusqu'à devenir des *guerriers de prière*. Je rends toute la gloire à Dieu, de ce que plusieurs d'entre eux servent aujourd'hui, comme ministres de l'Évangile et serviteurs du Seigneur Jésus-Christ. Mon désir ardent de voir une *armée de gens* rompus à la prière me pousse à écrire ce livre. Pendant toutes ces années au service de Dieu, j'ai pu constater une réalité consternante: le manque de prière chez les croyants chrétiens. La coupe n'est pas pleine ou elle est quasiment vide. En général, ce manque de prière est dû à une absence totale de connaissances sur le sujet qu'est la prière. La plupart des croyants ne savent vraiment pas pourquoi Dieu nous a laissé la prière et ses profonds avantages. Nous parlons plus de prière que nous en faisons.

Dans ce monde, les choses et les évènements avancent à une vitesse exponentielle. Face à cette avancée, plusieurs sont ceux-là, qui sont désorientés avec une confiance en Dieu très vacillante. L'amour pour Dieu est relégué à la seconde place. Tous ces changements viennent aussi étouffer le jeune germe de prière qui se lève dans les vies. Le feu des vies est éteint et notre ennemi, le malin, commence à s'y installer progressivement.

Mais dans ce brouhaha spirituel, l'Éternel demeure fidèle et il n'est pas sur le point de nous laisser tomber. Il a mis à notre disposition la prière. Et ce, depuis toujours. Au-delà du fait que la prière nous rapproche de Dieu, elle nous permet de profiter de tous les avantages qui en découlent si seulement, nous pouvons comprendre et voir le bien-fondé de ce puissant don.

Ce livre, dans un vocabulaire relativement ordinaire, a pour but d'ouvrir les yeux et les esprits des filles et fils de Dieu sur la profondeur et la nécessité pour le croyant de pratiquer la prière. Surtout dans ces temps de la fin, afin de bénéficier de tous les bienfaits de la prière dans une vie chrétienne normale. Dans un style particulièrement simple, ce livre ne traite que du premier volume en raison de la qualité et de l'importance des thèmes qui sont abordés. Vous trouverez le chapitre 4 particulièrement long, mais cela est fait pour mettre l'accent sur son importance dans la prière. Je vous souhaite une bonne lecture dans ce voyage biblique avec le Saint-Esprit.

Jusqu'à présent, vous n'avez rien demandé en mon nom. Demandez et vous recevrez, afin que votre joie soit parfaite.

Jean 16: 24

« Que le Saint-Esprit vous pousse dans les eaux profondes de la prière »!

Michele K.

La Servante de l'Éternel

Introduction

La prière est avant tout, un don de Dieu pour ses enfants. Les dons de l'Esprit tels que la prophétie, le discernement, pour ne citer que ceux-ci, sont pour le perfectionnement et l'épanouissement du corps de Christ. La prière, en revanche, est en particulier un puissant don de Dieu à tous les chrétiens sans exception aucune, pour établir une communion avec le créateur. Dans une assemblée chrétienne, quelques-uns peuvent recevoir du Saint-Esprit, le don de la prophétie ou le don du discernement des esprits, tandis que la prière est à la portée de tout un chacun pour se tenir dans la présence de Dieu. Sous la loi, le souverain sacrificateur était le seul à avoir accès au lieu très saint du tabernacle une fois par an, avec du sang et de l'encens. Il devait s'y présenter pour lui-même et aussi pour les péchés du peuple, « *et dans la seconde, le souverain sacrificateur seul entre une fois par an, non sans y porter du sang qu'il offre pour lui-même et pour les péchés du peuple.* » **(Hébreux 9:7).** Cependant, en se sacrifiant à la croix pour les péchés de l'humanité, Jésus, souverain sacrificateur, sacrificateur pour toujours selon l'ordre de Melchisédech, donne à tous ceux qui croient en lui, le libre accès à la présence de Dieu. Cet ultime et puissant sacrifice, sans faute et sans tâche, permet à tous ceux qui croient en lui de s'adresser à Dieu en tout temps, quel que soit l'endroit où ils se trouvent et non plus, une fois l'année.

La prière est un don précieux et puissant qui nous permet de nous transporter dans la sainte présence de l'Éternel, afin de communiquer et communier avec lui. Encore, faut-il bien que nous comprenions sa portée et tout ce que nous pouvons en tirer. Bien que la Bible nous parle brièvement d'une partie de son existence à l'âge de douze ans, face aux pharisiens, aux scribes et de son ministère à partir de trente ans, elle nous apprend aussi que le seigneur Jésus avait une vie de prière très constante. Il devançait le lever du soleil en prière et par moment, il se libérait de ses disciples pour se mettre à part, dans la présence du père.

Le Seigneur ne commença pas son ministère par expliquer la prière et son importance. Mais il commença juste à prier. Il se mit simplement à la tâche. Comme pour dire, la prière fait partie de la tradition juive et qu'elle doit faire partie du mode de vie normale de croyants chrétiens. Ainsi, nous ne pouvons pas être de véritables disciples de Jésus, si la prière ne fait pas partie intégrante de notre discipline spirituelle. Et c'est ici que commence le défi.

Avec ses journées remplies de prédications, suivies des délivrances et des miracles, le Seigneur Jésus, fatigué dans sa chair, trouvait toujours du temps pour parler avec celui qui est sa source, c'est-à-dire le Père. Il est donc très avantageux pour nous, de véritablement faire confiance à Jésus et de le lire entre les lignes dans la Bible, afin de faire de la prière notre priorité absolue. Paul, l'apôtre de Jésus, n'a-t-il pas dit: *« Priez sans cesse »* **(1thesaloniciens 5: 17)?**

Chapitre 1

Expliquons la prière

Loin de moi, l'idée de prétendre avoir toute la connaissance sur la prière, ce qui n'est pas juste. Je suis un être humain ayant des limites, surtout parce que l'homme n'a que ce qu'il reçoit de Dieu. Et ceci est bien entendu en partie, « *Car nous connaissons en partie, et nous prophétisons en partie* » **(1 Corinthiens 13: 9).**

Toutefois, après quelques années de ministère au service du Dieu vivant, je voudrais ici, partager quelques éléments importants concernant la prière, qui doivent faire partie de la vie d'une personne qui a reçu le Seigneur Jésus-Christ, comme son sauveur et son maître. Selon Luc le médecin, Jésus avait déjà commencé son ministère et le Saint-Esprit confirmait sa prédication avec les signes et les miracles aux endroits où il se rendait. Jésus avait déjà chassé un esprit impur d'un homme dans la synagogue à Capernaüm, *« Ah! qu'y a-t-il entre nous et toi, Jésus de Nazareth? Tu es venu pour nous perdre. Je sais qui tu es: le Saint de Dieu. Jésus le menaça, disant: tais-toi, et sors de cet homme. Et le démon le jeta au milieu de l'assemblée, et sortit de lui, sans lui faire aucun mal »* **(Luc 4:34-35).**

Après la synagogue, Jésus se rendit chez la belle-mère de Pierre où il a pu la guérir d'une violente fièvre, *« S'étant penché sur elle, il menaça la fièvre, et la fièvre la quitta. À l'instant elle se leva, et les servit »* **(Luc 4: 39)**; même en soirée, on lui amenait des malades de toutes sortes, de qui sortaient des démons: *« après le coucher du soleil, tous ceux qui avaient des malades atteints de diverses maladies les lui amenèrent. Il imposa les mains à chacun d'eux, et il les guérit. Des démons aussi sortirent de beaucoup de personnes, en criant et en disant: tu es le Fils de Dieu. Mais il les menaçait et ne leur permettait pas de parler, parce qu'ils savaient qu'il était le Christ »* **(Luc 4: 40-41)**. Par la puissance du Saint-Esprit, il y a eu de nombreux miracles de guérisons et des cas de délivrances jusqu'à ce qu'un jour, de retour de son moment habituel de prière, l'un de ses disciples se décide à lui demander: Seigneur, enseigne-nous à prier, « *Jésus priait un jour en un certain lieu. Lorsqu'il eut achevé, un de ses disciples lui dit : Seigneur, enseigne-nous à prier* » **(Luc 11: 1).**

La prière n'était vraiment pas méconnue des disciples. C'étaient bien des juifs et ils connaissaient certainement la prière du juif religieux. Ils savaient que la prière était adressée à l'Éternel, le Dieu d'Abraham, d'Isaac et de Jacob. Ils avaient été peut-être au moins une fois, dans des synagogues pour des prières. De l'autre côté, il y avait aussi les disciples de Jean Baptiste, qui priaient selon les enseignements qu'ils reçurent de lui. Le problème était donc ailleurs. Ils avaient été auprès du Seigneur pour la plupart d'entre eux, au début de son ministère; ils avaient eu le temps de manger avec lui et de partager avec lui de nombreux évènements. Ils avaient même eu l'occasion de le voir aller à plusieurs reprises, à « *un certain lieu* » pour prier et être de retour avant le lever du soleil.

Et cela, pendant trois ans et demi de ministère. Pour les disciples, Jésus était un homme différent des hommes qu'ils avaient l'habitude de voir jusqu'à ce moment-là. Dans leur entendement, ils n'avaient jamais vu, entendu et rencontré un homme devant qui les démons ou les esprits impurs tremblaient de peur; un homme face auquel, la mer et le vent pouvaient obéir au point de cesser de s'agiter. De plus, ils étaient toujours ensemble. Mieux, trois d'entre les disciples, venaient d'être témoins d'un évènement merveilleux; ils venaient d'assister à la manifestation de la gloire divine du fils bien-aimé de Dieu sur la terre, la transfiguration de Jésus. Ils étaient bénis et heureux, *« Environ huit jours après qu'il eut dit ces paroles, Jésus prit avec lui Pierre, Jean et Jacques, et il monta sur la montagne pour prier. Pendant qu'il priait, l'aspect de son visage changea, et son vêtement devint d'une éclatante blancheur »* **(Luc 9 : 28-29).**

Après plusieurs temps de réflexions, ils avaient fini par comprendre que la seule fois où le maître n'était pas présent à leur côté, c'était quand il se rendait à un « certain lieu » pour prier. Probablement, toute la différence constatée chez le maître viendrait de ses nombreux moments de prière à part tout seul.

Pour le disciple de Christ, pour celui qui est né de nouveau, la prière, est ce que la respiration est pour tout être vivant sur la terre, dans les eaux et dans les airs. L'instant, où un être vivant cesse de respirer, il est mort. Parallèlement, le jour, le chrétien et disciple de Christ, arrête de prier ou commence à ne plus prier comme cela devrait être, il vivra certes, mais il mourra spirituellement.

Il est dangereux pour toute personne née de nouveau de se trouver sérieusement dans un état de mort spirituelle, car elle devient automatiquement une proie facile pour le diable. Par le moyen de la prière, vous pouvez communiquer avec Dieu le père, dans les cieux. Il est dans les cieux et vous êtes ici sur la terre. Nous savons forcément que la terre est extraordinairement éloignée du ciel où réside notre Dieu. Mais la prière, c'est le seul moyen approprié qui vous rapproche de Dieu et capable de vous amener à effectuer cette distance ciel-terre; elle vous transporte effectivement dans la présence de Dieu.

C'est le seul moyen de transport que Dieu a pourvu pour vous, en vue de vous retrouver dans sa sainte présence. Vous ne devez pas ignorer cela. Je voudrais vous amener à faire un petit voyage avec moi à travers les saintes Écritures pour découvrir quelques personnes qui ont prié.

Abram répondit : « *Seigneur Éternel, que me donneras-tu? Je m'en vais sans enfants et l'héritier de mes biens, c'est Eliezer de Damas ». Abram dit: « Tu ne m'as pas donné de descendance, et c'est un serviteur de ma famille qui sera mon héritier ». Alors l'Éternel lui adressa la parole: « Ce n'est pas lui qui sera ton héritier, mais bien celui qui naîtra de toi* ». **(Genèse 15: 2-4)**.

Après Abram devenu plus tard Abraham, ce fut le tour d'Isaac, *« Isaac implora l'Éternel pour sa femme, car elle était stérile, et l'Éternel l'exauça: Rebecca, sa femme, devint enceinte* **» (Genèse 25: 22)**. Isaac, le fils de la promesse a eu aussi l'occasion de prier l'Éternel.

Jacob a prié lui aussi l'Éternel, Jacob dit: « *Dieu de mon grand-père Abraham, Dieu de mon père Isaac, Éternel, toi qui m'as dit: 'Retourne dans ton pays, dans ton lieu de naissance, et je te ferai du bien, je suis trop petit pour toutes les grâces et pour toute la fidélité dont tu as fait preuve envers moi, ton serviteur. En effet, j'ai passé ce Jourdain avec mon bâton et maintenant je peux former deux camps. Délivre-moi de mon frère Ésaü, car je crains qu'il ne vienne et ne me frappe, sans épargner ni la mère ni les enfants. C'est toi-même qui as dit: 'Je te ferai du bien et je rendrai ta descendance pareille au sable de la mer, si abondant qu'on ne peut le compter* » **(Genèse 32 :10-13)**.

Les écritures nous révèlent aussi que Moïse parlait bouche à bouche avec Dieu, « *Je lui parle bouche à bouche, je me révèle à lui sans énigmes, et il voit une représentation de l'Éternel. Pourquoi donc n'avez-vous pas craint de parler contre mon serviteur, contre Moïse?* » **(Nombres 12:8).** Il était un habitué du mont Horeb, son lieu de rencontre avec le Dieu d'Abraham, d'Isaac et de Jacob. De ses rencontres avec Dieu, il obtint les Tables de la loi, écrites directement avec les doigts de Dieu. Quand il sortait de la présence Dieu, il connaissait une transfiguration au point que son visage brillait comme le soleil.

« *Moïse descendit de la montagne de Sinaï, ayant les deux tables du témoignage dans sa main, en descendant de la montagne; et il ne savait pas que la peau de son visage rayonnait, parce qu'il avait parlé avec l'Éternel. Aaron et tous les enfants d'Israël regardèrent Moïse et voici la peau de son visage rayonnait; et ils craignaient de s'approcher de lui* » **(Exode 34 :29-30).** Élie le Prophète, s'était aussi adressé à Dieu, « *Et il s'étendit trois fois sur l'enfant, invoqua l'Éternel, et dit:*

Éternel, mon Dieu, je t'en prie, que l'âme de cet enfant revienne au dedans de lui! » **(1 Rois 17 :21);** « *Réponds-moi, Éternel, réponds-moi, afin que ce peuple reconnaisse que c'est toi, Éternel, qui est Dieu, et que c'est toi qui ramènes leur cœur!* » **(1 Rois 18 :37).**

Malgré son jeune âge, David avait reçu l'onction de Dieu par le prophète Samuel pour devenir roi à la place de Saül. Ce jeune enfant devenu homme aimait tellement la présence de Dieu, à telle enseigne qu'il voulait être le plus près possible de Dieu. Il est l'auteur d'une bonne partie du livre des Psaumes de la bible. Il n'hésitait pas à entrer en prière, « *Ne me rejette pas loin de ta face, ne me retire pas ton Esprit Saint* » **(Psaumes 51:13).**

Le Seigneur Jésus, pendant sa vie et son ministère sur la terre, a montré le bon exemple d'aimer pratiquer la prière. Après son départ vers le père et après la venue de L'Esprit Saint, tous les disciples s'adonnaient aussi à la prière avec à leurs têtes, les apôtres choisis par Jésus, « *Quand ils furent arrivés, ils montèrent dans la chambre haute <u>où ils se tenaient d'ordinaire</u>; c'étaient Pierre, Jean, Jacques, André, Philippe, Thomas,*

Barthélemy, Matthieu, Jacques, fils d'Alphée, Simon le zélote, et Jude, fils de Jacques. Tous d'un commun accord persévéraient dans la prière, avec les femmes, et Marie, mère de Jésus, et avec les frères de Jésus. » **(Actes 1 :13-14).**

« *Quand le jour de la Pentecôte arriva, ils étaient tous rassemblés au même endroit. Tout à coup, un grand bruit survint du ciel : c'était comme si un violent coup de vent s'abattait sur eux et remplissait toute la maison où ils se trouvaient assis* » **(Actes 2 :1-2)**.

Tous ces serviteurs cités plus haut, au travers de qui Dieu a vraiment œuvré, avaient une chose en commun, **la prière.** Nous pouvons aussi remarquer que seule la prière, est le centre de ce livre qui relate les actes des apôtres et la vie de l'Église primitive.

À travers ce voyage dans les saintes Écritures, je voudrais vous souligner l'importance de la prière dans la marche chrétienne. Elle est tellement vitale que je pourrai même dire, que s'approcher de Dieu par la prière, est pour le chrétien un privilège que Dieu lui accorde. Lequel privilège, le Seigneur Jésus-Christ est venu restaurer, en déchirant du haut en bas, le voile du Temple, afin de nous assurer un libre accès et direct à la présence de Dieu par sa propre mort et sa résurrection. Alléluia! Le Seigneur Jésus-Christ a rendu cela possible. *Je prie que Dieu ouvre votre esprit sur cette profonde révélation afin de nourrir votre âme*. Cette révélation changera à jamais votre façon d'approcher Dieu. Chaque fois que votre corps est en phase avec votre esprit et que vous êtes poussé à vous mettre à la prière, vous êtes en train de répondre à l'appel de Dieu en vous approchant du trône de la grâce pour parler des affaires du royaume.

J'aimerais vous faire part d'une image simple: quand les associés ou actionnaires d'une compagnie veulent se rencontrer, ils le font à huis clos. Cela veut dire que personne à part eux, ne doit être présent dans la salle de réunion prévue à cet effet. Étant réunis, ils décident de la vie de la compagnie et de son fonctionnement. Bien que cette illustration soit naturelle, elle peut vous permettre de comprendre la vérité que je m'apprête à vous partager. Depuis le jour, vous avez accepté de marcher avec le Seigneur Jésus-Christ, comme votre sauveur et Seigneur, vous avez fait l'expérience de la nouvelle naissance et vous êtes devenu ***un participant des affaires célestes, participant de la vie céleste***, « *C'est pourquoi, frères saints participants à l'appel* *céleste… dans toute sa maison* » **(Darby Version. Hébreux 3 :1-2).** En tant que participant, vous avez droit à des réunions ordinaires et extraordinaires pour faire les points et prendre les décisions inspirées concernant les affaires du royaume. C'est inévitablement par la prière que vous pouvez assister à ces réunions et communiquer avec le maître. Lorsque vous êtes en prière, vous êtes en réunion avec le Père au nom de Jésus par la communion du Saint-Esprit.

Par la prière, vous pouvez aussi entretenir cette relation de père-fils ou de père-fille, que vous avez grâce au Seigneur Jésus, le premier de tous les nés, « *Or, si nous sommes enfants, nous sommes aussi héritiers: héritiers de Dieu, et cohéritiers de Christ, si toutefois nous souffrons avec lui, afin d'être glorifiés avec lui.* » **(Romains 8 :17)**.

L'Éternel, notre père, n'a jamais voulu se séparer de sa création précieuse que nous sommes. C'est la raison pour laquelle, l'Éternel rendait des visites à Adam et Eve pour prendre de leurs nouvelles et s'entretenir avec eux, jusqu'au jour où ils se laissèrent séduire par le serpent , « *Quand ils entendirent la voix de l'Éternel Dieu <u>en train de parcourir le jardin vers le</u>*

soir, l'homme et sa femme se cachèrent loin de l'Éternel Dieu au milieu des arbres du jardin » **(Genèse 3: 8).**

« Ainsi, l'Éternel Dieu le chassa du jardin d'Eden pour qu'il cultive la terre d'où il avait été tiré. Après avoir chassé Adam, il posta à l'est du jardin d'Eden les chérubins qui agitent une épée flamboyante pour garder le chemin de l'arbre de vie » **(Genèse 3:23-24).**

Ce qu'Adam et Ève perdirent ce jour-là, lorsqu'ils péchèrent contre Dieu, ce fut la sainte présence de Dieu qui est le signe distinctif de l'appartenance à Dieu. Depuis lors, par les voies et moyens (sacrifice d'animaux avec leur sang), l'Éternel chercha à rétablir cette précieuse relation perdue. En nous envoyant finalement son propre bien aimé fils Jésus, l'Éternel a rétabli à travers son sacrifice pur et pour toujours, cette merveilleuse relation. Ainsi, il nous fait la promesse d'être toujours avec nous et invite, toutes les personnes nées de nouveau à s'approcher de lui sans aucun intermédiaire et à entrer dans sa sainte présence. Gloire à Dieu!

Plus qu'un privilège, c'est un honneur de participer à un moment pareil de riche communion avec le père. La communion à laquelle Dieu vous appelle, n'est pas réservée à une catégorie de personnes ou à une catégorie de chrétiens. Elle n'est ni réservée à l'Évangéliste, ni au Pasteur, ni à l'Enseignant, ni au Docteur, ni au Prophète, ni à l'Apôtre. Mais elle est pour tous!

Suivez-moi-bien : ***il est bon de savoir que la présence de Dieu est libre de tout d'accès***.

Vous n'avez besoin d'aide de personne pour y avoir accès, ni pour vous représenter, ni pour parler en votre nom. Il n'y a plus de souverain sacrificateur pour présenter vos actions de grâces ainsi que vos sacrifices au Seigneur dans le lieu très saint. Depuis la mort de Jésus sur la croix à Golgotha, tout est accompli, le voile du Temple est déchiré. La mort du Seigneur sur cette croix révèle la puissance salvatrice de Dieu pour nous. Elle vient porter à la perfection toutes les dispositions prises par Dieu pour le salut de l'humanité et la restauration de la relation créateur–création.

J'apprécie fort bien, quand les apôtres dans les saintes Écritures nous demandent expressément de prier les uns pour les autres; que les forts soutiennent les plus faibles. Aussi, nous devons partout prier pour tous les saints vivants. Ce sont là, des messages puissants à encourager et cela doit faire partie de notre dévotion. Cependant, ceci ne doit changer en aucun cas, le fait que Dieu vous invite ***personnellement*** au trône de la grâce. Par cette invitation divine, Dieu veut une relation personnelle privilégiée avec vous. Où que vous soyez, qui que vous soyez, quoi que vous fassiez, Dieu veut communiquer et communier avec vous.

Regardons de plus près ce verset : « *Voici, je me tiens à la porte, et je frappe. Si quelqu'un entend ma voix et ouvre la porte, j'entrerai chez lui, je souperai avec lui, et lui avec moi.* » **(Apocalypse 3 :20).**

Dans mes débuts, je pensais très bien que ce verset était juste réservé pour l'évangélisation en vue d'amener les âmes à Christ. Mais en réalité, c'est aussi pour le croyant né de nouveau, qui a besoin d'entretenir une intimité profonde avec le Seigneur. Jésus veut souper avec vous et vous, avec lui. En clair, il désire ardemment communier avec vous, vous faire connaître ses pensées tout en attendant de vous, que vous lui présentiez aussi, vos besoins, vos craintes, avec une entière assurance qu'il vous écoute.

Chapitre 2

La Foi, tout simplement

Au-delà de ce que vous venez de lire au chapitre précédent, il est important de comprendre que vous avez besoin de la foi pour la prière. Du latin chrétien, la foi signifie simplement la confiance en Dieu. La confiance en Dieu pour ce qu'il est, pour ce qu'il a fait et pour toutes ses promesses pour nous dans ce siècle présent et dans le siècle à venir. Cette confiance en Dieu le père, en Jésus-Christ et au Saint-Esprit est le principe même de l'évangile et est indispensable au salut. Il est dit simplement, « *Or sans la foi, il est impossible de lui être agréable; car il faut que celui qui s'approche de Dieu croie que Dieu existe, et qu'il est le rémunérateur de ceux qui le cherchent* » **(Hébreux 11 :6)**. Plusieurs personnes pensent qu'elles n'ont pas la foi; certaines se demandent comment faire pour avoir la foi; comment être capable de prier avec la foi, comme le font d'autres chrétiens; d'autres font des pèlerinages en vue de la quête de la foi et continuent de s'interroger sur « *leur foi* ».

J'en connais qui ont abandonné la prière par manque de foi. Car selon eux, quoi qu'ils entreprennent, ils n'auront jamais assez de foi pour se lancer dans la prière. Ils préfèrent que « *certains habitués de la prière* » les portent en prière. Je ne sais vraiment pas ce que vous avez reçu comme enseignement jusqu'à maintenant ni quelles voix vous avez peut-être écoutées. Mais je crois qu'au travers de ces lignes, Dieu a quelque chose de particulier pour vous.

Voici la vérité : *vous n'avez pas besoin de chercher la foi; vous n'avez même pas besoin d'obtenir la foi pour commencer à vous lancer dans la prière.*

Le problème est que plusieurs font la confusion entre le fait d'avoir la foi et le fait d'entretenir la foi. Vous n'avez vraiment pas aussi besoin de chercher la foi! Comment pouvez-vous chercher quelque chose que vous possédez déjà ?

Voici le schéma: Le Saint-Esprit, vient à vous pour vous convaincre de péché, de jugement et de justice lorsque vous entendez l'évangile pour la première fois. Le Saint-Esprit vous donne juste ***une partie de la foi de Dieu***; une partie de ***sa foi*** qui vous éclaire la compréhension sur le Seigneur Jésus et sur son sacrifice pour l'humanité. Avant d'aller plus loin, nous pouvons nous arrêter ici pour comprendre la vérité de **la *foi de Dieu***.

La foi de Dieu, c'est la capacité de Dieu d'appeler les choses qui n'existent pas si comme elles existaient, «*je t'ai établi père d'un grand nombre de nations. Il est notre père devant celui auquel il a cru, Dieu, qui donne la vie aux morts, et qui appelle les choses qui ne sont point comme si elles étaient*» **(Romains 4 :17). *Oui, notre Dieu est lui aussi le Dieu de foi. Et nous adorons le Dieu de foi***. C'est pour cela que, nous sommes et devons être appelés les enfants de foi.

C'est cette foi, qui a permis à notre Dieu de créer tout l'univers et tout ce qui y existe y compris nous qui sommes faits à son image, «*Au commencement, Dieu créa les cieux et la terre*» **(Genèse 1 :1).** En clair, rien n'a été possible sans la foi. Vous comprenez que la foi est avant tout **DIVINE**. Ainsi donc, le Saint-Esprit vous donne aussi la capacité surnaturelle de croire en Jésus, le Jésus que vous n'avez pas vu et touché. Il vous amène à comprendre le sacrifice de Jésus à la croix, la puissance de l'amour et la bonté de Dieu pour vous. Ensuite, il vous pousse à accepter et à comprendre la résurrection de Jésus. Finalement, vous vous mettez à genoux pour faire la paix avec le Christ et pour le recevoir, comme votre Seigneur et Sauveur, etc.

Dès ce moment, vous possédez la foi en Dieu le père et en Jésus-Christ, son fils. Dieu vous fait don de la foi, de sa foi par le Saint-Esprit, « *Car c'est par la grâce que vous êtes sauvés, par le moyen de la foi. Et cela ne vient pas de vous, c'est le don de Dieu* » **(Éphésiens 2 : 8).** Cette foi, cette portion de foi de Dieu en vous, suffit pour que vous vous approchiez de lui par la prière.

Le verset « *Or sans la foi, il est impossible de lui être agréable; car il faut que celui qui s'approche de Dieu croie que Dieu existe, et qu'il est le rémunérateur de ceux qui le cherchent* » **(Hébreux 11:6),** ne s'applique plus à vous désormais. En recevant le Seigneur Jésus dans votre vie, l'Éternel, le Dieu Tout-Puissant a déjà pourvu pour vous ce qu'il vous faut pour l'approcher. De plus, comme l'apôtre Paul l'a si bien écrit, ce n'est plus vous qui vivez, c'est Christ qui vit en vous **(Galates 2:20)**. Et Le Christ-Jésus, habitant en vous désormais, est le consommateur de la foi qui est en vous, *« Ayant les regards sur Jésus, le chef et le consommateur de la foi, qui, en vue de la joie qui lui était réservée, a souffert la croix, méprisé l'ignominie, et s'est assis à la droite du trône de Dieu »* **(Hébreux 12 : 2).**

C'est donc le Seigneur Jésus qui rend la foi en vous possible par le Saint-Esprit. Jésus a accompli sa mission sur terre parfaitement. Vos yeux fixés sur lui, vous pouvez aussi marcher et vivre tout en espérant achever la course. Les anciens de l'église, les apôtres et les disciples, ont tous achevé leur course à l'exception du fils de la perdition, tout en ayant leurs yeux fixés sur Jésus. Nos ancêtres de l'Ancien Testament ont tous marché avec Dieu tout en saluant l'arrivée du Seigneur Jésus de loin.

Il y a une vingtaine d'années, j'ai annoncé l'évangile à un homme, qui a eu le bonheur de recevoir Christ dans sa vie. Quelques mois après, je le voyais être nonchalant, froid et désintéressé. Je lui demandai les causes de ce revirement d'attitude. Il m'expliqua qu'il pensait ne pas avoir la foi pour être aussi zélé et bouillant comme les autres chrétiens qu'il voyait dans l'assemblée; il disait qu'il ne serait jamais aussi bon adorateur comme les frères et sœurs qu'il apercevait presque tout le temps, en train de prier et d'intercéder. Il avait même déjà commencé à ne plus être fréquent à l'assemblée. C'est alors que je le fis entrer dans mon bureau, pour tenter de lui expliquer la foi qu'il a reçue gratuitement de Dieu pour connaître Jésus, comme étant le fils de Dieu et le consommateur de sa foi.

Après quarante-cinq minutes environ, il est ressorti du bureau tout joyeux et tout confiant de ce qu'il a trouvé grâce auprès de Dieu. Grâce soit rendue à Dieu, cet homme sert aujourd'hui dans le champ du Seigneur comme un évangéliste accompli. Dieu utilise puissamment son serviteur.

Dieu sait que sans la foi, il sera impossible pour vous de lui être agréable. Alors, il met la foi à votre disposition. Vous avez en vous la foi, la foi de Dieu. Avec cette foi, vous pouvez à tout moment, vous approcher de Dieu par la prière. Vous pouvez faire la différence. Je voudrais lever cette équivoque avant d'avancer dans ce chapitre. La foi ne s'acquiert pas pendant que vous marchez avec le Seigneur. Mais plutôt, elle s'améliore et s'entretient chaque jour avec tout ce que vous entendez à partir de la parole de Dieu. La marche chrétienne ou la vie chrétienne normale commence par la foi. C'est parce que vous avez la foi, que vous invitez Jésus à entrer dans votre vie comme Seigneur et non le contraire. Personne ne peut dire que Jésus est Seigneur si ce n'est poussé par l'Esprit « *... que nul ne peut dire : Jésus est le Seigneur ! si ce n'est par le Saint-Esprit* » **(1 corinthiens 12:3).**

Peu importe qui vous êtes et ce que vous faites dans l'œuvre de Dieu, vous avez la foi pour commencer à prier. Cette foi, qui est un don de Dieu demeurant en vous, vous donne la possibilité et le privilège, de vous approcher à chaque instant du Seigneur par la prière. Ne vous posez plus de question de savoir si vous avez la foi ou pas, car vous la possédez déjà.

La foi qui est en vous n'est ni grande, ni moyenne, ni petite, mais c'est juste une partie de la foi de Dieu. Jésus a comparé la foi à un grain de sénevé; le grain de sénevé est le plus petit des grains qui est utilisé et dont la taille est comprise généralement entre un millimètre et trois millimètres. Juste cela, pour vous montrer que le tout, ne réside pas dans la taille de la foi, mais de prendre conscience que vous la possédez et de savoir s'en servir. Les disciples du Seigneur qui étaient restés avec lui, après qu'il eut demandé à la foule de manger sa chair et de boire son sang, avaient peut-être tous la foi. Seulement qu'ils ne le savaient peut-être pas. Jésus avait dit à Pierre, « *Aussitôt Jésus étendit la main, le saisit, et lui dit:* Homme *de peu de foi, pourquoi as-tu douté?* » **(Matthieu 14 :31).** Sans la foi en Dieu, ils ne seraient même pas restés à ses côtés et demeurés ensemble après sa mort en attendant fidèlement et ardemment, dans la chambre haute, la promesse de Dieu, le Saint-Esprit.

Rappelez-vous, dans le cas du jeune lunatique, Jésus avait traité ses disciples d'incrédules (absence totale de la foi), « *Race incrédule et perverse, répondit Jésus, jusques à quand serai-je avec vous? Jusques à quand vous supporterai-je? Amenez-le-moi ici* » **(Matthieu 17 :17)**. Aussi, il y avait ceci : « *C'est à cause de votre incrédulité, leur dit Jésus* » **(Matthieu 17 :20)**.

Cependant, bien avant ce cas de possession, dans l'épisode de la barque face à la tempête, il leur avait dit ceci : « *Il leur dit:*

pourquoi avez-vous peur, gens de peu de foi? Alors il se leva, menaça les vents et la mer, et il y eut un grand calme » **(Matthieu 8 :26)**. Voyez-vous quelque chose? Ici, Jésus disait qu'ils avaient la foi, mais elle était juste peu. Et plus tard, il disait qu'ils avaient de l'incrédulité. Soit nous avons la foi, soit nous ne l'avons pas du tout. En réalité, les disciples avaient la foi, mais ils n'avaient aucunement conscience de cela. Jésus leur enseignait quelque chose d'important. Les disciples avaient la foi. Mais comprenez que le fait de ne pas agir en conséquence rend la foi morte. Car la foi va avec l'action.

« *Il en est ainsi de la foi: si elle n'a pas les œuvres, elle est morte en elle-même. Mais quelqu'un dira: toi, tu as la foi; et moi, j'ai les œuvres. Montre-moi ta foi sans les œuvres, et moi, je te montrerai la foi par mes œuvres.* » **(Jacques 2 : 17-18).**

Ils avaient la foi. Vous avez la foi! Maintenant, vous pouvez vous approcher de Dieu par la prière.

Les disciples de Jésus ne jeûnaient ni ne priaient, alors que les disciples de Jean-Baptiste jeûnaient et priaient. Il a fallu qu'à la Pentecôte, le Saint-Esprit descende sur eux avec puissance pour ouvrir leurs esprits et leurs compréhensions sur Jésus et sur son ministère sur la terre. Dès cet instant, ils sont devenus de nouvelles personnes au point que, pour la toute première fois, l'apôtre Pierre débout, cita les prophètes Joël et David tout en recevant automatiquement la révélation au sujet de ce qu'il venait de citer, c'est-à-dire *Jésus Christ révélé.*

Les choses étaient devenues désormais plus claires pour eux. Le Saint-Esprit vint activer la foi qui dormait en eux. Il est important que vous soyez en mouvement en vous approchant de Dieu par la prière et de laisser aussi l'occasion au Saint-Esprit de Dieu d'activer votre foi. *Je prie pour que le Saint-Esprit ouvre votre esprit et vous éclaire sur cette vérité concernant la foi que Dieu vous a donnée.*

À cause de la nécessité de la foi, je pensais que la prière entretenait la foi. Mais en réalité, ce n'est pas cela. Les deux étant toujours ensemble, on a toujours cru que c'était le cas. Mais finalement, je suis parvenu à comprendre que c'est plutôt la prière qui se sert de la foi pour fonctionner. Sans la foi, il n'y a pas de véritable prière. La foi dans la prière, est représentée comme étant le moteur qui vous propulse dans la présence de

Dieu; elle est aussi, comme le bras qui va chercher les bénédictions du ciel pour la terre; il va récupérer tout ce qui vous a été promis par le Seigneur. De plus, la foi fournit le cadre dans lequel la prière opère et votre prière doit prendre en compte, tout ce à quoi votre foi est rattachée. La prière a nécessairement besoin de votre foi pour aller plus loin. La foi, c'est le fondement même de la prière parce que pour s'approcher de Dieu, il faut que la personne ait confiance en Dieu. C'est donc la foi qui vient vous démontrer que vous avez confiance en Dieu. Puisque vous avez confiance en Dieu, alors vous vous mettez à prier en entrant dans sa sainte présence; vous vous approchez de son trône de grâce pour l'adorer, le louer, lui rendre des actions de grâce et aussi, pour le supplier.

Dieu sait qu'en l'absence de la foi, il est vraiment impossible pour nous de faire quoi que ce soit. Alors, il met à la disposition de tous les nouveau-nés en Christ, la foi, une partie de *sa foi*, qui nous permet de nous approcher de lui. En clair, ce n'est pas parce que vous priez que vous avez la foi, mais c'est parce que vous avez la foi, la foi que Dieu vous a donnée, que vous priez. La prière ne fortifie pas la foi ; la prière n'améliore pas la foi; la prière n'entretient pas la foi. Mais la seule chose qui entretient la foi, qui la maintient à un niveau élevé et qui vient aussi la renforcer, c'est la parole de Dieu. Oui, la parole de Dieu, est la seule nourriture dont votre foi a besoin pour se développer. En vérité, plus votre foi en Dieu grandit, plus votre attachement à Dieu par la prière devient fort!

Paul a dit : *« la foi vient de ce qu'on entend et ce qu'on entend vient de la parole de Dieu »* **(Romains 10 : 17)**. Ce que vous comprendrez et découvrirez dans la parole de Dieu, portera haut la foi que vous possédez. Il ne s'agit pas d'augmenter la foi et il n'est même pas question d'avoir une foi plus grande, mais plutôt de l'entretenir, de la maintenir et de la fortifier. À défaut, la foi que vous avez reçue de Dieu risque de mourir.

Les sciences naturelles, nous apprennent qu'un muscle qui ne travaille pas, finit par s'atrophier et devient très faible. Le muscle qui ne s'exerce pas perd de son volume, de son élasticité et à force de manquer de force, il s'affaiblit. C'est ainsi que fonctionne la foi que Dieu vous a donnée. ***Dieu vous a donné la foi et c'est de votre responsabilité de vous en occuper***. Ainsi, vous aurez toujours une foi opérationnelle et fonctionnelle, qui vous poussera toujours vers le Seigneur. Il est important que vous le sachiez, chaque moment que vous connaissez dans votre vie, est une opportunité de plus de vous approcher du trône de grâce. Et pour cela, vous ne devez pas vous en priver. C'est pourquoi la parole nous dit expressément : *« car celui qui s'approche de Dieu… »*. C'est un engagement que vous prenez de vous approcher du créateur.

Vous entrerez et sortirez de sa sainte présence avec le réel sentiment qu'il a prêté une oreille attentive à votre voix. Ainsi, votre foi atteindra l'état d'une foi opiniâtre. Elle ne se couchera pas face à toutes sortes de vents et à toutes sortes de doctrines. Cette foi devient un bouclier pour vous en toutes circonstances, *« prenez par-dessus tout cela le bouclier de la foi, avec lequel vous pourrez éteindre tous les traits enflammés du malin »* **(Éphésiens 6:16).**

Lorsque les disciples demandaient au Seigneur de leur augmenter la foi, le Seigneur Jésus-Christ n'avait vraiment pas répondu particulièrement à cette requête. Mais il avait plutôt révélé qu'aussi petite qu'elle soit, la foi peut accomplir des choses extraordinaires, *« Les apôtres dirent au Seigneur: Augmente-nous la foi. Et le Seigneur dit: Si vous aviez de la foi comme un grain de sénevé, vous diriez à ce sycomore: Déracine-toi, et plante-toi dans la mer; et il vous obéirait »* **(Luc 17:5)**. Peu importe la mesure de foi que vous avez reçue de Dieu, elle est largement suffisante et utile pour vous permettre de vous approcher de Dieu. Appliquez-vous à l'exercer en entrant dans sa présence.

Par ces lignes, je voudrais très sérieusement vous dire, que vous avez la foi et que la foi de Dieu habite en vous. Vous avez reçu cette mesure de la foi de Dieu en vous et cela, c'est le don de Dieu. Il a plu à Dieu de vous la donner, parce qu'il veut que vous communiiez avec lui en tout temps et en tout lieu. Vous n'avez pas jeûné ou prié pour avoir cette foi. Dieu vous l'a donnée! Il vous a fait don d'une partie de sa foi! Il a déjà tout préparé d'avance pour que vous soyez dans sa présence, depuis que vous avez accepté Jésus.

Abreuvons-nous de l'histoire d'Élie le prophète et de la veuve de Sarepta. Le prophète Élie était dans le désert pendant que la famine sévissait dans le pays. Il n'y avait plus de nourriture et le torrent avait séché. Il n'y avait plus d'eau et Dieu lui dit : « **lève-toi, car j'ai ordonné à une veuve** » à Sarepta de te nourrir et de prendre soin de toi, « *Lève-toi, va à Sarepta, qui appartient à Sidon, et demeure là. Voici, j'y ai ordonné à une femme veuve de te nourrir* » **(1 Rois 17 :9)**. La Bible déclare que le prophète Élie se leva et partit comme l'Éternel le lui avait ordonné. Et bien entendu par l'Esprit, il rencontra cette femme, la veuve de Sarepta. L'ayant vue, il lui dit : « *donne-moi à manger* ».

Il faut que vous sachiez que le genre de famine qui régnait dans le pays conduisait à la mort, au point où la femme lui dit qu'il ne lui restait, à elle et à son fils, juste qu'une poignée de farine et un peu d'huile. Et après cela, ils pouvaient juste attendre que la mort vienne les chercher. Mais avant, elle lui dit ceci : « Mais *elle lui répondit : aussi vrai que l'Éternel, ton Dieu, est vivant, je n'ai pas le moindre morceau de pain chez moi. Il me reste tout juste une poignée de farine dans un pot, et un peu d'huile dans une jarre. J'étais en train de ramasser deux bouts de bois. Je vais rentrer et préparer ce qui me reste pour moi et pour mon fils. Quand nous l'aurons mangé, nous n'aurons plus qu'à attendre la mort* » **(1 Rois 17 : 12)**.

Je vous pose les questions suivantes:

- comment la veuve pouvait-elle savoir qu'Élie était prophète et qu'il servait l'Éternel, le seul Dieu vivant?

- comment pouvait-elle aussi accepter de faire les choses selon ce que le Prophète Élie lui avait dit?

Élie reprit : « Sois sans crainte, rentre, fais ce que tu as dit. Seulement, prépare-moi d'abord, avec ce que tu as, une petite miche de pain et apporte-la-moi ; ensuite, tu en feras pour toi et pour ton fils. Car voici ce que déclare l'Éternel, le Dieu d'Israël : « Le pot de farine ne se videra pas, et la jarre d'huile non plus, jusqu'au jour où l'Éternel fera pleuvoir sur le pays. ***La femme partit et fit*** *ce qu'Élie lui avait demandé. Pendant longtemps, elle eut de quoi manger, elle et sa famille, ainsi qu'Élie. »* **(1 Rois 17:12).**

N'oubliez pas que Sarepta se trouvait dans le pays de Sidon. Sidon, c'était à l'époque le foyer de Baal où Baal était invoqué. Et c'était sur ce territoire que l'Éternel envoya son serviteur, et non pas ailleurs.

- Alors, comment avait-elle eu la capacité surnaturelle, étant une habitante de la ville de Baal, de croire en Élie afin de

respecter toutes les paroles qui sortaient de lui? Tout simplement, parce que l'Éternel, le Dieu d'Abraham, d'Isaac et de Jacob, le Tout-Puissant de Jacob, lui avait donné cet ordre avant: « *Lève-toi, va à Sarepta, qui appartient à Sidon, et demeure là. Voici, j'y ai ordonné à une femme veuve de te nourrir.* » **(1 Rois 17: 9).**

L'Éternel avait déjà tout prévu en créant chez cette femme veuve, un esprit bien disposé à faire confiance à son serviteur, Élie le prophète. Humainement, cette femme serait incapable de faire ce qu'elle avait fait. Elle avait dit expressément à Élie, « *Et voici, je ramasse… Après quoi, nous mourrons.* » **(1 Rois 17:12)**. Face à ce genre de famine extrême, Dieu savait d'avance que cette bonne femme ne saurait pas satisfaire son serviteur s'il n'intervenait pas lui-même.

Alors, il dit à Élie, « ***j'ai ordonné à une femme veuve de te nourrir*»*. L'Éternel avait déjà tout rendu possible! De la même manière, l'Éternel a ordonné au corbeau d'apporter le pain et la viande à Élie, il avait agi ainsi avec la veuve de Sarepta. Cet oiseau au plumage généralement noir, n'est pas apprécié par plusieurs parce que considéré souvent comme un oiseau impur.

Cet oiseau ne saurait jamais prendre soin d'un être humain si son créateur, l'Éternel, ne lui avait pas donné un ordre formel de le faire. L'Éternel avait agi ainsi, avec la baleine qui avala Jonas, le prophète. La baleine ne devait pas tuer ou broyer le corps de Jonas. Elle devait seulement l'avaler et l'abriter, pendant trois jours et trois nuits. Après ce moment, ce poisson géant devait le vomir sous l'ordre du tout-puissant. L'Éternel ne s'était pas arrêté là. Il a continué avec les lions terriblement affamés qui se trouvaient dans une fosse à Babylone avant de recevoir Daniel, le prophète et l'ami de Dieu. L'Éternel s'était dépêché d'envoyer son ange pour calmer la furie des lions affamés et fermer leurs gueules avant l'arrivée de son oint.

Une raison de plus, pour vous dire que l'Éternel vous a déjà fait don d'une partie de sa foi, afin que vous acceptiez Jésus comme votre Sauveur et que vous naissiez de nouveau. De la façon, l'Éternel donna la capacité surnaturelle à cette femme veuve, il l'a fait aussi avec vous en vous donnant la même capacité surnaturelle de croire en Jésus afin que vous vous approchiez de lui en tout temps par la prière. Avec cette foi donc, vous pouvez commencer maintenant à prier sans vous soucier ou vous poser de questions. C'est le don de Dieu! « *Car c'est par* *la grâce que vous êtes sauvés, par le moyen de la foi. Et cela ne vient pas de vous, <u>c'est le don de Dieu</u>* » **(Éphésiens 2 : 8)**. *Vous avez la foi, agissez maintenant et approchez-vous de Dieu!*

<u>Vous pouvez prier avec moi</u>:

Éternel, merci pour ton œuvre surnaturelle accomplie pour moi; je comprends que tu m'as donné une partie de ta foi, pour croire en toi et être dans ta sainte présence; je veux maintenant aller plus loin avec toi; donnes- moi de connaitre et de comprendre la richesse et la profondeur de ta sainte présence; au nom Puissant de Jésus-Christ de Nazareth, j'ai ainsi prié, amen!

Chapitre 3

La faim et la soif

Maintenant que vous avez bien compris que vous possédez une partie de la foi de Dieu et qu'il l'a déjà mise à votre disposition pour entrer dans sa très sainte et divine présence, j'aimerais que vous sachiez et reteniez une chose: tout ce qu'il vous reste à faire, c'est de désirer prier. Vous ne pouvez pas profiter de tous les bienfaits de la prière s'il n'y a pas un réel désir de votre part. Il vous faut désirer ardemment la prière! La soif et la faim de Dieu doivent vous consumer de l'intérieur. Il est important que votre esprit ait faim et soif de rencontrer le Tout-Puissant, en entrant dans sa présence. ***Le spirituel respecte les profonds désirs ou les soupirs***. Ceci est un préalable, parce que lorsqu'il n'y a point de désir, il n'y a point de prière efficace.

Le disciple avait dit à Jésus: « *Seigneur, enseigne-nous à prier* », parce qu'il avait compris que quelque chose n'allait pas. Ses confrères et lui, avaient constaté quelque chose de différent chez le maître et dans sa prière. Il pouvait chasser les démons et guérir les malades sans ménager aucun effort. Ils avaient bien remarqué que la prière de Jésus était une prière qui apportait des résultats tangibles. Ses prières étaient très différentes de leurs prières religieuses. À la suite de leur échec cuisant, dans la tentative de délivrance du jeune malade lunatique pendant l'absence du maître, ils n'avaient donc pas d'autre choix que de lui demander de leur enseigner à prier. La soif et la faim étaient là!

Il vous faut désirer la prière au plus profond de vous. La recherche de la présence de Dieu dans votre vie doit être pour vous, la priorité de toutes les priorités. Pour sa part, L'Esprit de Dieu créera toujours la soif et la faim de Dieu en vous, à tel point que vous ne désirerez rien d'autre, que de vouloir entretenir une communion très étroite avec l'Éternel. Mais alors, il va falloir que vous répondiez à cette soif et à cette faim, car L'Esprit de Dieu voudra bien vous pousser dans l'arène de la prière. Une fois dans cette atmosphère, vous voudrez aller encore plus loin pour profiter du bonheur de sa sainte présence. Vous devez être prêt et avoir de la volonté pour répondre à cette invitation. Le Saint-Esprit arrivera avec vous à un niveau où la faim et la soif de Dieu vous dévoreront et vous voudrez bien entendre chaque jour la voix de l'Éternel.

Nous parlons très souvent de prière et nous entendons plusieurs sermons sur la prière, mais combien sont les personnes qui désirent réellement la prière? Existe-t-il des disciples qui s'adonnent à la prière? Dans ces temps de la fin, le croyant, le disciple de Jésus, doit plus que jamais avoir à cœur de naviguer dans les eaux profondes de la prière. Et par la suite, suivre le mouvement du Saint-Esprit, quand il voudra bien vous y amener. Retenez cela, car c'est la mission première du Saint-Esprit: *conduire les fils de Dieu.*

Répétez ceci avec moi:

Saint-Esprit crée en moi la faim et la soif du Père, au nom de Jésus! (3 fois).

Je sais qu'il est sur le point de le faire pour vous. Il trouvera à sa façon, comment vous faire aimer la présence de Dieu. Si seulement, vous pouvez vous soumettre à sa direction, vous sortirez gagnant dans cette relation. Votre langue, votre bouche et le son de votre voix doivent avoir une empreinte spirituelle et teintée de la présence de Dieu. Dans cette dynamique, le ciel reconnaîtra votre voix et le son de votre voix comme la voix des amis de Dieu qui ont été très utiles entre les mains de l'Éternel. L'Esprit de Dieu utilisera tous les évènements qui vous entourent ou auxquels vous faites face tous les jours, pour vous entraîner dans les flots de la prière.

Les guerres qui minent notre monde tout en détruisant des peuples et des nations, sont idéalement des points de prière pour lesquels, vous pouvez entrer dans la présence de Dieu. Sans oublier les grandes famines qui sévissent sous d'autres cieux, emportant dans l'au-delà, quelquefois des hommes, des femmes et même des enfants. La montée vertigineuse de l'iniquité est en train d'atteindre son paroxysme au point où, même les fils de Dieu, se laissent séduire et mordent à l'hameçon. Face à ces situations et à ces enjeux, vous pouvez vous permettre de fléchir les genoux et d'implorer la grâce du Tout-Puissant.

Nous sommes vraiment dans les moments de la fin et plus que jamais, le Saint-Esprit vous invite à élever vers Dieu la voix, car les temps sont mauvais, « *rachetez le temps, car les jours sont mauvais* » **(Éphésiens 5:16).** Forcément, vous connaissez une personne dans votre entourage, qui n'a certainement pas encore fait la paix avec le Seigneur et Sauveur Jésus-Christ; ou même une personne née de nouveau, mais qui semble être faible sur le chemin du ciel, pour qui vous pouvez prier sans relâche, afin que le Seigneur gagne les cœurs et fortifie les autres. Toutes ces situations se présentent à vous comme des éléments pour vous introduire à la prière. Tout ce que le Seigneur vous demande, c'est d'ouvrir grandement vos yeux et votre intelligence afin de comprendre son langage. D'habitude, je dis aux croyants ceci, *« vous devez être très intelligent pour comprendre et suivre le mouvement du Saint-Esprit afin de faire les choses quand il faut et comme il faut ».*

Au-delà du fait que personnellement, chacun de nous a des besoins qu'il pourrait les présenter à Dieu, nous devons aussi apprendre à rendre grâce à Dieu, le Tout-Puissant, en tout temps pour sa bienveillance, « *Rendez continuellement grâces pour toutes choses à Dieu le Père, au nom de notre Seigneur Jésus Christ* » **(Éphésiens 5:20)**. En clair, tout est réuni pour que vous n'ayez aucune excuse pour ne pas vous présenter devant le Seigneur par la prière. *Jetez-vous dans l'arène de la prière!* Et je peux vous assurer que de grandes et merveilleuses choses vous y attendent. *Jetez-vous dans l'océan de la prière* et laissez les vagues de la prière vous emporter çà et là. Une chose est sûre, le Saint-Esprit vous révélera la présence de Dieu.

Au fur et à mesure que vous serez en prière, l'Éternel définira avec vous un point de contact à telle enseigne que vous pourrez sentir sa présence à vos côtés. Quand il sera là, près de vous, vous le saurez. Nos ancêtres, dans les saintes Écritures, étaient pressés d'aller à la montagne chaque fois qu'ils sentaient le besoin de parler avec l'Éternel. La montagne symbolisant la présence de Dieu, ils partaient et descendaient lorsqu'ils voulaient sérieusement rencontrer Dieu ou lorsque l'Éternel le leur demandait.

Tellement c'était bon et agréable, ils pouvaient rester sur la montagne pendant des jours. Notamment Moïse le prophète, qui pouvait passer des jours sur le mont Sinaï, pour parler avec Dieu et à Dieu. C'étaient vraisemblablement des moments de qualité. Moïse quittait la présence de Dieu avec les Tables de la loi écrites avec les doigts de Dieu. Laissez-moi vous dire, *les flots de la prière commenceront à vous emporter de gauche et à droite si vous le voulez et vous commencerez à aimer et aimer plus encore, la présence de Dieu.*

Dans les débuts de la marche chrétienne, je voyais un frère qui priait et qui avait une vie de prière particulière. Quand je passais le voir chez lui, j'entendais sa voix dans une des pièces de leur maison. Je demandais à ses parents ce qu'il faisait et ils me répondaient toujours qu'il était en prière. Je pouvais entendre sa voix de l'extérieur. Quand je le rencontrais aussi dans la maison de Dieu, il était encore en prière. Et c'était devenu rare de le voir sans la prière. La prière et la méditation étaient devenues très régulières pour lui.

À entendre le son de sa voix, c'était une voix empreinte de la puissance, de l'autorité et d'une présence inimaginable et indescriptible. Je sentais quelque chose dans le son de sa voix qui était différent; je pouvais sentir la présence de Dieu dans la pièce où il se trouvait et qui venait à moi. C'était quelque chose de difficile à expliquer. Quelque temps après, j'ai fini par comprendre que c'était la présence de Dieu qui se manifestait de la sorte par la prière. En voyant ce bien-aimé frère, j'avais pris la résolution de vivre cette expérience par mon engagement dans la prière. Je désirais ardemment vivre cette atmosphère divine, que ce frère dégageait à travers sa vie de prière. Dès lors, je me mis davantage à la prière et je peux vous assurer que ma vie de prière et ma vie spirituelle prirent une tournure merveilleuse.

C'était un beau mercredi, mais très ensoleillé qui donnait des ombres rafraîchissantes sous de grands arbres, dont les feuilles et les branches se balançaient selon la direction du vent. Ce jour, très marquant pour moi, j'étais encore en prière comme les autres fois. J'étais seul dans cette pièce habituelle, lorsqu'un vent merveilleux me souffla. Le temps pour moi d'apprécier cette douce présence, je fus littéralement ivre de l'Esprit, dans la sainte présence de Dieu. Dans cette ivresse de l'Esprit, j'essayai de me tenir ferme sur mes pieds, pour tenter de maîtriser la situation, mais j'en fus très incapable.

Chaque fois, que j'essayais, je me retrouvais tapi sur le plancher, jusqu'à ce que je sois totalement incapable de faire quoi que ce soit. Dans ce moment, j'entendis l'Esprit s'adresser à moi par des paroles précises. Ce moment important, dura environ trois heures, quand je regardai l'heure affichée, sur le petit écran lumineux de la montre attachée à mon poignet, après être revenu de ce merveilleux moment d'extase. Voyez-vous, j'avais compris une profonde vérité et je voudrais bien que vous gardiez cela à l'esprit pendant très longtemps: « ***Au fur et à mesure que vous priez lorsque vous avez faim et soif de Dieu, le Saint-Esprit, vous amène à un certain niveau de rassasiement spirituel et de satisfaction spirituelle*** ».

Avez-vous véritablement faim et soif de la présence de Dieu? David a dit : « *Comme une biche soupire après des courants d'eau, ainsi mon âme soupire après toi, ô, Dieu! Mon âme a soif de Dieu, du Dieu vivant. Quand irai-je et paraîtrai-je devant la face de Dieu?* » **(Psaumes 42:2-3).** Ce roi, ce sacrificateur et prophète David, avait découvert ce grand mystère découlant de la présence de Dieu. Et Chaque jour, il en voulait toujours plus.

Je peux vous affirmer que la prière est la seule puissance que Dieu nous a donnée pour satisfaire la faim et la soif à l'intérieur de nous. **« *Plus vous aurez besoin du Seigneur dans la prière, plus vous comprendrez que le Seigneur a aussi besoin de vous* ».**

Chapitre 4

La ferveur dans la prière

Pendant trois ans et demi de ministère sur la terre, le Seigneur Jésus avait prêché la bonne nouvelle et enseigné la parole de Dieu concernant le royaume. Il allait de lieux en lieux chercher les brebis égarées. Il confia la même mission à ses disciples, qu'il avait pris le soin de choisir afin qu'ils aillent et qu'ils portent des fruits qui demeureront.

Dans cette dynamique, ces dignes ministres et ambassadeurs de l'évangile, avaient gagné plusieurs territoires et de multiples âmes à Christ, avec l'aide du Saint-Esprit de Dieu. Ils avaient selon la mission qui leur était assignée, délivré avec hardiesse, de puissants sermons et des exhortations pleines de révélations.

Dans l'exercice de leur ministère, ils n'avaient jamais abandonné et ne s'étaient jamais laissés emporter par le découragement. Au contraire, ces véritables disciples étaient tous persévérants et avançaient tout en démontrant une grande résilience en vue de se positionner dans le spirituel. Ils avaient une vie de prière magnifique et très efficace, *« Quand ils furent arrivés, ils montèrent dans la chambre haute où ils se tenaient d'ordinaire ; c'étaient Pierre, Jean, Jacques, André, Philippe, Thomas, Barthélemy, Matthieu, Jacques, fils d'Alphée, Simon le zélote, et Jude, fils de Jacques. Tous d'un commun accord, persévéraient dans la prière, avec les femmes, et Marie, mère de Jésus, et avec les frères de Jésus »* **(Actes 1:13).**

Ce sont les prières et les supplications qui les poussaient, à un niveau de prière élevé jusqu'au jour de la descente du Saint-Esprit. Ils étaient concentrés sur ce qui les unissait en ce moment, c'est à dire la puissance du Saint-Esprit qui leur avait été promise par le Seigneur Jésus. Les prières faites dans cette chambre haute étaient capables de donner des résultats. Ces prières étaient persévérantes et sans relâche, *« persévéraient dans la prière »*. Quelque ce soit ce que vous voulez des mains du Seigneur, il vous faut prier efficacement. C'est l'efficacité qui fera la différence. Le Seigneur leur avait promis le Saint-Esprit, mais il ne leur avait pas donné de précision sur le jour exact de la réalisation de cette promesse. Il leur avait seulement dit: « *Comme il se trouvait avec eux, il leur recommanda de ne pas s'éloigner de Jérusalem, mais d'attendre ce que le Père avait promis, ce que je vous ai annoncé, leur dit-il* » **(Actes 1: 4)**. ***Ils devaient attendre, rien qu'attendre!***

Ils demeuraient dans ce lieu, pendant dix jours pour voir cette promesse se réaliser. Ces disciples-là, étaient capables d'attendre dans la prière pendant cent vingt jours ou même plus. Le temps n'était pas une question difficile pour eux, étant donné la qualité et l'importance de la promesse à venir, le consolateur. Ils jetèrent tout leur dévolu dans la prière et soudain, le ciel s'ouvrit au-dessus de leur tête.

Je voudrais vous dire ceci: ces disciples, étaient déjà transformés bien avant le jour de la Pentecôte; leurs vies étaient déjà prêtes pour accueillir le Saint-Esprit. Le Seigneur, voyant qu'ils étaient disposés, fit descendre ce qui leur avait été promis, le merveilleux compagnon, le Parakletos, le Saint-Esprit. Souhaitez-vous l'intention divine dans une quelconque situation? Alors, cette situation doit vous inonder et submerger; que tout votre intérieur soit consumé; vos genoux doivent fléchir pour cela; vos lèvres doivent commencer à remuer et vos mains doivent prendre l'habitude de se lever vers le Seigneur en toute pureté. Vous devez arriver, *à vous plier en deux* dans la présence de Dieu et rien ne doit compter pour vous que cela. Il est important que vous soyez passionné par ce pour quoi, vous vous approchez de Dieu. Et ce, sans relâche et sans faiblesse. « *...La prière fervente du juste a une grande efficace* » **(Jacques 5 : 16b)**.

La sécheresse avait frappé tout le pays au temps du roi Achab et de sa reine Jézabel pendant trois ans et demi, avec comme conséquence une grande famine. Après tout ce temps difficile, l'Éternel décida de faire revenir la pluie. Ainsi, le prophète Élie décida de monter sur le sommet de la montagne pour prier jusqu'à ce que le retour de la pluie soit effectif. J'aimerais bien que vous reteniez ceci: c'est l'Éternel, qui décida dans sa souveraineté de faire revenir la pluie, mais cela n'empêcha pas Élie de prier avec insistance pour que la pluie annoncée par l'Éternel tombe à nouveau sur la terre. Comprenez-vous quelque chose? Normalement, la seule annonce de Dieu concernant la pluie, devrait suffire pour qu'Élie aille se reposer les bras croisés en attendant la pluie. Mais non, ce ne fut pas le cas. Il se mit plutôt à fond dans la prière. Il pria intensément jusqu'au septième tour pour que le nuage annonciateur de la pluie apparaisse. Il arrive que nous recevions souvent, des paroles précises ou des prophéties concernant notre destinée ou même, pour certaines situations. Et nous restons là à attendre, sans rien entreprendre spirituellement pour collaborer avec l'Éternel, en vue de l'accomplissement des choses annoncées par lui-même.

Mais le serviteur de Dieu, Élie le prophète, celui dont le corps n'a point connu la corruption, nous apprend ici ***un mystère du royaume***. À savoir: ***il faut toujours rester connecté à Dieu en insistant dans la prière pour les grâces qu'il a déjà annoncées. C'est aussi cela la ferveur.***

Achab monta pour manger et boire. Quant à Élie, il monta au sommet du mont Carmel et se penchant jusqu'à terre, il mit son visage entre ses genoux pour prier. *« Puis il dit à son serviteur: « Monte regarder du côté de la mer », le serviteur monta, regarda et dit: « Il n'y a rien. »; Élie dit sept fois:*

« Retournes-y ». La septième fois, le serviteur dit: « Voici un petit nuage qui s'élève au-dessus de la mer et qui est de la taille d'une paume de main » **(1 Rois 18: 41-44).** La première fois, son serviteur retourna sans avoir remarqué quelque chose de concret comme du nuage. Élie ne s'était pas laissé emporter par le découragement, il tenait fermement à ce que la pluie revienne. Le peuple venait de constater que c'est l'Éternel qui est Dieu face aux prophètes de Baal, il n'était donc plus question que la sécheresse continue de régner dans le pays, surtout que l'Éternel avait déjà indiqué le retour de la pluie.

Le prophète Élie ne douta pas, car il savait que lorsque l'Éternel parle, sa main se dépêche pour exécuter ce que sa bouche a dit. Il ne s'était pas laissé emporter par la fatigue. Mais bien au contraire, il se pencha à nouveau contre terre, son visage entre ses genoux sur le mont carmel et envoya pour la seconde fois, son serviteur pour constater l'aspect du ciel. À son retour, c'était encore la même réponse ***« il n'y a rien ».***

Le fait que son serviteur n'ait rien vu *ne signifiait pas que le miracle n'existait pas ou que la pluie ne viendra pas comme l'Éternel l'avait dit.* Élie, était prophète de l'Éternel et avait une parfaite connaissance de comment son Dieu travaille. Alors, il ne se décourageait pas et ne faiblissait pas, car s'il savait que l'Éternel avait déjà annoncé la pluie. Je ne sais pas ce que Dieu vous a dit, vous a montré ou de quoi vous êtes convaincu fortement comme parole de Dieu pour vous, mais continuez de vous agenouiller et relevez-vous de temps en temps, pour voir ce qui se passe. *Mais surtout, ne lâchez rien!*

Ce mystère perçu par Élie est très puissant! L'Éternel aurait pu empêcher Élie d'insister auprès de lui sous prétexte qu'il avait déjà annoncé la pluie. Mais non, il ne fit rien. Il aurait pu reprocher à Élie son manque de foi, son incrédulité vis-à-vis de lui. L'Éternel se serait prononcé par exemple en ces termes: *« Élie, homme de peu de foi! Pourquoi pries-tu encore, surtout que j'ai déjà annoncé la pluie? Doutes-tu de ma parole? Penses-tu que tes paroles auront du poids devant ma face? Penses-tu pouvoir m'influencer avec tes paroles? »*. Mais non, l'Éternel ne fit rien et ne parla point!

Je voudrais préciser que le prophète Élie n'avait pas arrêté et fait venir la pluie de son propre chef. Il fut seulement la bouche de l'Éternel pour le peuple et face à Achab. C'est l'Éternel qui déclara l'arrêt et la venue de la pluie. Et pourtant, Jacques nous dit qu'Élie insista dans la prière pour que la pluie cesse et tombe à nouveau. *« Élie était un homme de la même nature que nous: il pria avec instance pour qu'il ne plût point, et il ne tomba point de pluie sur la terre pendant trois ans et six mois. Puis il pria de nouveau, et le ciel donna de la pluie, et la terre produisit son fruit »* **(Jacques 5:17-18)**. Élie fut seulement l'instrument de Dieu! L'Éternel déclarait une chose et Élie priait aussi pour soutenir et faire accélérer ce que Dieu avait déjà dit. Le fait de prier en faveur d'une chose pour laquelle l'Éternel avait déjà tout arrêtée, est aussi de la ferveur. L'apôtre Jacques avait bien vu. Élie était évidemment un homme de ferveur!

Face aux prophètes de Baal, l'Éternel avait réagi en donnant une réponse immédiate avec la descente du feu du ciel. Mais c'était tout le contraire, quand il s'agissait de faire revenir la pluie.

Ainsi, ce fut la même réponse que le serviteur donnait à son maître Élie, après l'avoir fait retourner six fois au sommet de la montagne, *« il n'y a rien »*. Quelle ferveur dans sa prière! Il n'abandonnait pas, il fallait que la pluie revienne pour le bien du pays et des habitants. Au septième tour, son serviteur pouvait constater le nuage annonciateur de la pluie tant désirée, alléluia! *« À la septième fois, il dit: voici un petit nuage qui s'élève de la mer, et qui est comme la paume de la main d'un homme »* **(1 Rois 18:44).** C'était juste un tout petit nuage semblable à une paume humaine. Mais c'était suffisant pour le prophète Élie, de comprendre l'accomplissement parfait de la promesse de l'Éternel, qui était de faire revenir la pluie. Quel homme extraordinaire fut-il! Voici, un parfait exemple de ferveur et de résilience.

Il est important que votre prière soit pleine de ferveur et que le sujet pour lequel vous priez vous brûle de l'intérieur. Cette ferveur vous introduira dans une atmosphère où vous pourrez croiser la volonté de Dieu et voir les choses se réaliser. L'Éternel a besoin des personnes qui prient, mais encore plus, des personnes qui le font avec une ferveur d'une bonne dose. La ferveur vous entraînera dans de véritables moments de supplications.

Élie n'avait pas prié une fois ni deux fois, ni trois fois, ni quatre fois, ni cinq fois, ni six fois, mais sept fois, pour que le sombre petit nuage puisse apparaître, quand bien même l'Éternel lui aurait annoncé la pluie. Il n'était pas resté oisif à attendre tranquillement la pluie parce que Dieu avait déjà parlé. Que votre prière soit fervente! Je veux être plus simple. Une prière fervente est celle qui est faite avec beaucoup d'insistance. Je voudrais bien m'attarder sur le cas du prophète Élie. Il ne vous est peut-être pas venu à l'esprit de savoir pourquoi l'apôtre Jacques dans sa lettre dit expressément que le prophète Élie était de même nature que nous. « *Élie était un homme de la même nature que nous: il pria avec instance pour qu'il ne plût point, et il ne tomba point de pluie sur la terre pendant trois ans et six mois.* » **(Jacques 5:17)**.

L'apôtre Jacques disait aussi, « *...La prière fervente du juste a une grande efficace.* » **(Jacques 5:16).** Avant tout, il était un juste comme nous. Il est important que vous compreniez, qu'être un juste selon Dieu, ce n'est pas être une personne au-dessus de la norme humaine, ou être quelqu'un avec zéro défaut; ce n'est pas aussi être une personne très sainte. Ce n'est rien de tout cela. Élie était d'une époque, Jacques aussi était d'une autre époque comme nous aujourd'hui. Toutefois, notre dénominateur commun est le fait que nous connaissons et adorons l'Éternel et lui seul. C'est cela, être juste. Être pour l'Éternel! En tant qu'adorateurs de l'Éternel, nous nous efforçons de lui être agréables en marchant selon sa parole. Si d'aventure, nous péchons contre lui dans cette marche, nous sommes rassurés que le sang de son bien-aimé fils Jésus, nous purifie de tout péché quand nous les lui avouons et les délaissons, « *Car tous ont péché et sont privés de la gloire de Dieu; et ils sont gratuitement justifiés par sa grâce, par le moyen de la rédemption qui est en Jésus Christ.* » **(Romains 3:23-24).** En clair, tout comme Élie, nous sommes justifiés par la Justice de Dieu.

Au-delà de cet aspect de justice, le prophète Élie avait des angoisses, des peurs et des craintes tout comme nous aujourd'hui. Il craignait pour sa vie au point de demander à l'Éternel de le prendre face à Jézabel, la prophétesse du diable, qui avait juré de lui ôter la vie. Cependant, le Prophète Élie avait de bonnes dispositions. Il obéissait à Dieu et lui faisait entièrement confiance. Il était très insistant quand il s'agissait de faire des prières en vue d'obtenir des résultats tangibles. Le prophète Élie avait prié avec insistance pour arrêter la pluie. Il avait encore prié avec insistance afin de faire revenir la pluie. ***Je prie, que le Saint-Esprit de Dieu vous saisisse, qu'il ouvre votre***

esprit et que la ferveur tombe sur vous au nom de Jésus! Le Prophète Élie, avait une vie de prière caractérisée par l'insistance. ***Il faut bien croire que Dieu aime quand nous sommes fervents dans la prière***. Vous pouvez constater, comment le prophète Élie pria pour que L'Éternel ressuscite le fils de la veuve de Sarepta. Il s'étendit sur l'enfant de tout son long. Et ce, jusqu' à trois reprises; les écritures disent bien trois reprises. Quelle dévotion! quelle insistance!

« Et il s'étendit trois fois sur l'enfant, invoqua l'Éternel, et dit: Éternel, mon Dieu, je t'en prie, que l'âme de cet enfant revienne au dedans de lui! » **(1 Rois 17:21).**

Vous pouvez fermer légèrement les yeux et visualiser la scène dans cette chambre haute avec Élie et cet enfant. Je peux vous assurer que le prophète Élie serait allé encore plus loin. C'est-à-dire qu'il se serait couché sur l'enfant autant de fois, jusqu'à ce qu'il y ait un miracle de la part de l'Éternel ou jusqu'à ce que le Seigneur lui impose sa souveraineté. Alléluia! C'est pour cette raison, je suis d'avis avec l'apôtre Jacques quand il dit que l'exaucement se trouve au bout de la ferveur. Il est bon de comprendre que ***vous ne devez rien lâcher, jusqu'à ce que***

l'exaucement soit relâché! Quand il priait pour arrêter la pluie, le prophète Élie aurait pu se contenter de dire: « *J'ai déclaré par la foi et je pense que la pluie va bientôt cesser de tomber; maintenant, je peux aller vaquer à mes occupations* ». Quant au retour de la pluie, il aurait pu dire aussi : « *l'Éternel a promis que la pluie reviendra donc je n'ai vraiment pas besoin d'intervenir en priant* ».

Non, il ne fit rien de tout cela. Bien au contraire, il continua de prier jusqu'à ce que la pluie cesse effectivement d'arroser la terre. Et la pluie cessa de tomber.

Je voudrais vous expliquer ceci: la prière de la foi, ce n'est pas seulement de dire, juste une chose et d'attendre fermement son accomplissement. Mais c'est aussi, de faire totalement confiance à Dieu en lui adressant sans relâche votre prière, tout en sachant qu'il est le seul qui vous écoute et aussi capable de vous répondre dans le puissant nom de son bien-aimé fils. Ainsi, la confiance que vous placez en lui, ne vous empêche pas d'être insistant auprès de lui. Elle ne vous empêche surtout pas de demeurer fidèle dans sa présence jusqu'à l'exaucement. Vous constaterez avec moi, que la bible commence l'histoire du prophète Élie avec la fermeture du ciel et se termine avec sa montée directement au ciel dans un char de feu. Je peux vous dire que ses prières avaient l'empreinte d'une ferveur légendaire. Le grand rendez-vous du Mont Carmel était une convocation inédite. Les prophètes de Baal, après avoir établi premièrement leur autel en l'honneur de leur dieu, se mirent à l'invoquer et l'adorer sans réponse. L'autel de Baal était constitué d'un taureau découpé en morceau et du bois. Je tiens à préciser que c'était le prophète Élie, qui indiqua ce qui devait constituer l'autel (garder cela à l'esprit).

« *Que l'on nous donne deux taureaux; qu'ils choisissent pour eux l'un des taureaux, qu'ils le coupent par morceaux, et qu'ils le placent sur le bois, sans y mettre le feu; et moi, je préparerai l'autre taureau, et je le placerai sur le bois, sans y mettre le feu* » **(1 Rois 18:23).**

Plutôt que de plaider pour sa vie devant le roi Achab et demander au peuple de se rallier de son côté, il demanda une confrontation, seul face aux quatre cents prophètes de Baal qui n'avaient finalement pas réussi à faire tomber le feu du ciel par leur dieu. À son tour, le prophète Élie fit les choses autrement, avec les prophètes de Baal et bien évidemment, quant à la manière de disposer le sacrifice ainsi que tout le reste. Comprenez-vous? C'est l'Éternel qui avait voulu ce face-à-face au mont Carmel pour humilier Baal et ses prophètes. Et l'Éternel était aussi pour quelque chose, dans cette ferveur de l'adoration du prophète avec tous les accessoires utilisés. Dieu lui avait expressément déjà dit, la manière dont il devait faire les choses. C'est pourquoi, je vous dis, l'Éternel est d'accord avec vous si votre adoration et votre prière sont pleines de ferveur. Vous devez non seulement avoir confiance en Dieu, mais vous devez prier et prier encore jusqu'à ce qu'il y ait un exaucement.

Si l'Éternel est allé dans l'exagération de la présentation de l'offrande avec Élie en ajoutant les cruches d'eau, le bois, les pierres et le fossé creusé, comprenez que ce même Dieu, ne vous dira jamais que c'est assez votre manière de prier. Il ne vous dira pas d'arrêter d'insister auprès de lui, car tout ce qu'il veut avant tout, c'est de vous voir dans sa présence. Il est important que vous compreniez que ***vous pouvez aussi exagérer dans votre prière en étant plus fervent dans la présence de Dieu***. Il prend plaisir à vous bénir , « *Je prendrai plaisir à leur faire du bien, et je* *les planterai véritablement dans ce pays, de tout mon cœur et de toute mon âme »* **(Jérémie 32 :41)**.

Élie était de même nature que vous, alors engagez-vous aussi dans la prière avec une ferveur sans pareille. Le serviteur du prophète Élie n'avait pas aussi refusé de monter et de descendre sept fois afin de constater le retour de la pluie. Son serviteur était lui aussi dans la ferveur. Son maître avait fini par lui transmettre <u>le caractère de ferveur</u>. Il aurait pu dire à son maître: « *écoute, je suis fatigué de monter et de descendre* » et il n'aurait pas eu tort. Nous savons qu'il n'est vraiment pas facile et surtout aisé de monter et de descendre d'une montagne, surtout quand on n'est plus trop jeune.

Cependant, le fidèle serviteur du prophète Élie n'était pas lui aussi prêt à abandonner. Il monta et descendit sept fois, car il tenait aussi au retour de la pluie. Comprenez ceci: vous devez être à fond et très fervent dans la prière, avec vos familles et vos assemblées. Ne vous laissez pas aller au découragement et à la fatigue quand il s'agit de vous tenir devant le Seigneur pour prier et l'adorer. Il arrive souvent aux chrétiens de dire que *l'Éternel est omniscient et présent, qu'il voit nos cœurs et qu'il saura nous répondre au moment opportun. Il n'est donc pas nécessaire de trop prier.* Par ailleurs, il est important que vous le sachiez, tant que l'Éternel ne vous a pas donné une parole précise et claire vous disant que c'est bel et bien lui qui vous impose sa volonté, vous ne devez jamais vous arrêter de prier, car il exauce les prières remplies de ferveur et très profondes. Dans mes débuts de la marche chrétienne, j'avais appris que lorsque l'Éternel avait arrêté une décision, elle était définitive. Mais plus tard, j'ai aussi appris une autre chose et cela a beaucoup influencé ma vie de prière.

Regardons de près, l'histoire du roi Ézéchias et du prophète Ésaïe. L'Éternel avait donné expressément une parole à son serviteur Ésaïe pour le roi Ézéchias. Selon la parole libérée par le prophète, Dieu annonçait la mort du roi Ézéchias et lui demandait à cet effet, de donner des ordres dans sa maison. Le roi Ézéchias ayant reçu le message du Seigneur, entra immédiatement en prière pendant que le prophète sortait du royaume.

À l'instar du roi Ézéchias, tous, nous recevons très souvent des nouvelles ou des informations qui viennent nous contrarier;

des nouvelles qui vont à l'encontre des visions, des plans, des projets ou des quiétudes. Nous assistons sans force ou sans le vouloir à de malheureux évènements qui se déroulent dans nos vies, des situations face auxquelles nous nous sentons très malheureusement impuissants. Des vents impétueux viennent nous secouer en nous faisant vaciller dans tous les sens. Cependant, la Bible dit clairement que le roi Ézéchias s'est adressé à Dieu en lui faisant savoir sa volonté de ne pas mourir. *« En ce temps-là, Ézéchias fut malade à la mort. Le prophète Ésaïe, fils d'Amots, vint auprès de lui, et lui dit: ainsi parle l'Éternel: donne tes ordres à ta maison, car tu vas mourir, et tu ne vivras plus. Ézéchias tourna son visage contre le mur, et fit cette prière à l'Éternel: « ô Éternel! souviens-toi que j'ai marché devant ta face avec fidélité et intégrité de cœur, et que j'ai fait ce qui est bien à tes yeux! Et Ézéchias répandit d'abondantes larmes »* **(Ésaïe 38 : 1-5).** Quelle audace de la part du roi Ézéchias!

Il existe plusieurs cas dans les saintes Écritures, où l'Éternel annonçait la mort de certains patriarches et juste après, ceux-ci furent enterrés avec leurs pères. Mais je n'avais pas encore lu une histoire pareille, où quelqu'un pouvait refuser de mourir. Avec une grande assurance, le roi est entré dans la présence de Dieu pour le supplier de changer d'avis le concernant, car il n'était pas encore prêt pour ce voyage éternel. Son désir profond de continuer à vivre, pour voir les promesses de Dieu se réaliser pour lui, l'avait entraîné dans une supplication sans précédent. Et L'Éternel accepta la demande du roi! Cette histoire est vraiment extraordinaire. L'Éternel ne lui avait pas intimé d'arrêter de le supplier en sa faveur, mais il avait plutôt, accepté sa demande. L'Éternel ne refusa pas l'insistance du roi, mais bien au contraire, il l'approuva. *« Puis la parole de l'Éternel fut adressée à Ésaïe, en ces mots: va, et dis à Ézéchias: Ainsi parle l'Éternel, le Dieu de David, ton père: j'ai entendu ta prière, j'ai vu tes larmes. Voici, j'ajouterai à tes jours quinze années. »* **(Ésaïe 20: 4-6).**

L'Éternel dit, ***j'ai entendu ta prière et j'ai vu tes larmes!*** Si seulement, vous pouvez entrer dans sa présence avec une prière fervente et des larmes, je peux vous assurer que l'Éternel ne restera pas indifférent à votre sujet.

Il est important que les situations pour lesquelles vous souhaitez prier proviennent du plus profond de vous. Quel est votre fardeau? La ferveur dans la prière vous pousse dans des intercessions et des supplications intenses. Et elles, à leur tour, vous feront couler des larmes, des sueurs et des sécrétions humaines. C'est pourquoi l'Apôtre Paul, dans sa lettre, parle de prières et de supplications, « *faites en tout temps par l'Esprit toutes sortes de prières et de supplications. Veillez à cela avec une entière persévérance, et priez pour tous les saints.* » **(Éphésiens 6:18)**. Il est vraiment le Dieu qui écoute les supplications, sinon Paul ne l'aurait pas dit par l'Esprit. Les supplications dans la présence de Dieu ne tiendront pas compte de votre temps, de votre corps, de la fatigue, ni de votre environnement. Ce qui est évident, elles vous porteront à un niveau spirituel que vous n'avez jamais imaginé. Ne vous arrêtez pas de prier et surtout accrochez-vous, peu importe ce que vous pouvez voir, entendre et ressentir. Restez concentré sur votre prière tout en ayant confiance en Dieu.

Quel que soit le temps, l'Éternel sera responsable de cela. Faites votre part et priez avec ferveur. Soyez prêt à déchirer vos entrailles et à demeurer dans la présence de Dieu. J'aimerais revenir sur les paroles de l'apôtre Paul. Il dit: « *faites en tout temps par l'Esprit toutes sortes de prières* ». En général, en matière de la prière, nous connaissons l'adoration, l'action de grâce, la louange, la prière de combat et bien évidemment l'intercession. Mais Paul dit: « *toutes sortes de prières* ». Ce qui veut dire qu'au-delà de ce que nous connaissons tous, il existe encore d'autres sortes de prières dans la présence de Dieu. C'est seulement par le Saint-Esprit que cela est possible. À force de vous tenir de façon fervente dans la présence de Dieu, le Saint-Esprit qui connaît les profondeurs de Dieu, vous conduira, vous poussera en plaçant des désirs et des points de prière dans votre cœur pour un exaucement certain. C'est ce que j'appelle les *prières inspirées.* Ce genre de prières ne manque jamais de puissants résultats.

Le Seigneur Jésus, dans la chair humaine, avait prié le père jusqu'à ce que sa sueur devienne comme des grumeaux de sang, « *Étant en agonie, il priait plus instamment, et sa sueur devint comme des grumeaux de sang, qui tombaient à terre* » **(Luc 22:44).** Il est ici question de la comparaison de la couleur de sa sueur à la couleur du sang. Luc est médecin et fait cette précision que les autres évangélistes n'ont pas mentionnée. La couleur du sang est le rouge. Il y a plus deux mille ans, l'Évangéliste Luc, médecin de profession, a pu déceler un phénomène hors du commun quant à la transpiration de Jésus avec sa sueur rougeâtre. Comment était-ce possible? Comment cela a-t-il pu bien se passer en ce temps-là? En effet, la médecine rejoint L'Évangéliste Luc sur ce fait biblique qui se produisit dans ce jardin de Gethsémané. Selon la science, Ce phénomène sérieusement rare, appelé l'hématidrose, est provoqué par une forte augmentation de l'anxiété et du stress, suivie par une élévation anormale de la pression sanguine entrainant une dilatation très extrême des vaisseaux très fins de la peau jusqu'à ce qu'ils cèdent. Aujourd'hui donc, la science est d'accord avec l'apôtre Luc lorsqu'il dit que Jésus était très angoissé et stressé au point que sa sueur soit mélangée à son sang, *« L'angoisse le saisit, sa prière se fit de plus en plus pressante, sa sueur devint comme des gouttes de sang qui tombaient à terre »* (**Luc 22:44. *Version la Bible du Semeur*).**

En réalité, une personne peut suer, mais suer du sang c'est inhabituel. Seules, la supplication et la ferveur pouvaient rendre cela possible. L'intensité qui régnait cette nuit à Gethsémané a poussé le maître à puiser au fond de lui, toute l'énergie nécessaire pour affronter cette heure fatidique. De façon brève, l'intensité avec laquelle, Jésus plaçait sa demande au père et toute la ferveur de son esprit, pouvaient faire sortir une telle sueur de notre Seigneur. Selon cette expression ***« étant en agonie »***, nous pouvons comprendre que la mort du Seigneur avait déjà commencé dans ce jardin cette nuit-là. Jésus était triste et il éprouvait de l'angoisse et de la peur. Il était sur la terre pour faire la volonté de Dieu en gagnant le cœur de l'humanité pour Dieu. Mais ce qui allait se produire, était encore plus fort que ce qui était écrit d'avance. Dans son état d'humain, la frayeur l'avait amené à refuser le sacrifice. Il était troublé.

Comme le Seigneur, nous traversons exactement des moments difficiles et nous redoutons l'impact de ces situations sur nous et nos familles. Nous voyons souvent l'étau se resserrer autour de nous et toutes ces situations nous font crier et nous font vraiment peur. Nous ne comprenons parfois rien à ce qui nous arrive et nous sommes sur le point de jeter l'éponge comme le Seigneur qui redoutait aussi cette nuit. Mais il se tournait à chaque fois vers le père pour avoir de l'aide et la délivrance de ce qui pouvait le troubler cette nuit-là. Pas une seule fois, mais trois fois, il se tourna vers le père pour espérer voir cette situation s'éloigner de lui, « *Père, si tu voulais éloigner de moi cette coupe!* » **(Luc 22:42a);**

« *Il leur dit alors: Mon âme est triste jusqu'à la mort; restez ici, et veillez avec moi. Puis, ayant fait quelques pas en avant, il se jeta sur sa face, et pria ainsi: Mon Père, s'il est possible, que cette coupe s'éloigne de moi!* » **(Matthieu 26 :38-39b).**

C'est exactement ce que nous devons faire, être toujours dans la présence de Dieu le suppliant de nous apporter une délivrance, une solution définitive et durable à nos problèmes. Nous devons le prier jusqu'à ce qu'il nous impose sa volonté comme il le fit avec Jésus sur la terre: « *Toutefois, que ma volonté ne se fasse pas, mais la tienne* » **(Luc 22 :42b).**

Partout dans le monde, les enfants de Dieu sont troublés comme l'était le Seigneur, par des situations très ténébreuses et nos vies deviennent des podiums où l'ennemi et ses adeptes dansent en permanence tout en se délectant de nos souffrances. Il est l'heure pour nous de ne plus baisser les bras et de ne plus capituler devant l'adversité. Nous devons plutôt entrer dans la présence de Dieu et sortir soit avec nos exaucements soit avec une force surnaturelle, qui nous permettra de traverser toutes ces épreuves dans la victoire. C'est ce que fit le père pour le Seigneur, « *Alors un ange lui apparut du ciel, pour le fortifier* » **(Luc 22:43)**. Il avait prié trois fois. Et ce, intensément, pour plaider en sa faveur jusqu'à ce que le père puisse le fortifier pour accomplir sa volonté. Peut-être qu'il aurait prié plus de trois fois jusqu'à ce qu'il reçoive une réponse claire du père. Mais à la troisième fois, il reçut sa réponse, et fut fortifié. Voulez-vous être aussi fortifié par le Seigneur? Si oui, alors ne tarder plus à vous jeter dans les supplications entraînées par la ferveur.

Si vous êtes engagé dans la prière pour vous, votre famille, vos amis, votre nation ou pour des situations quelconques, ne baissez pas les bras. Mais priez en insistant et l'Éternel pourra rendre certainement l'exaucement effectif. ***Vous ne devez pas plier l'échine à la toute première heure, mais priez jusqu'à ce que l'heure exacte arrive***.

Si le prophète Daniel avait abandonné, l'Éternel n'aurait pas envoyé l'archange Michael venir en aide à l'ange Gabriel pour lui délivrer sa réponse, alors bien même que Dieu lui avait déjà apporté son exaucement. ***L'exaucement de sa prière lui avait***

été déjà accordé, mais pas délivré. L'archange Michael permit à l'ange Gabriel de délivrer l'Exaucement de la prière de Daniel. Priez jusqu'à ce que la délivrance de votre exaucement soit effective. Tout comme Daniel, le roi Ézéchias avait pris aussi plaisir à entrer dans la présence de Dieu avec des gémissements, il s'était plié en deux pour plaider sa cause devant le Seigneur: « *je poussais des cris comme une hirondelle en voltigeant, je gémissais comme la colombe ; mes yeux s'élevaient languissants vers le ciel : O Éternel ! je suis dans l'angoisse, secours-moi !* » **(Ésaïe 38 :14).** La réponse de la part de l'Éternel, source de vie, vient aussi après les gémissements et des cris.

Voici, une autre histoire merveilleuse et pleine de révélations. Le peuple de Dieu se préparait à posséder le territoire que l'Éternel leur avait promis, Canaan. Une famille, parmi le peuple de Dieu vivait une situation très délicate quant à son futur et à son plein héritage, concernant les promesses faites par l'Éternel. C'était la famille Tselophchad.

Tselophchad

Selon les lois établies par Dieu, au décès du père, chef de famille, l'héritage de la famille revenait aux enfants, sinon au fils, rien qu'au fils. Ainsi, l'héritage pouvait rester dans la famille. Je ne vous dirai pas malheureusement pour cette famille, mais heureusement, cette famille n'avait que des filles et elles étaient au nombre de cinq. Par conséquent, selon la loi de Dieu, ces cinq filles et sœurs n'avaient pas droit à l'héritage promis par Dieu au décès de leur père. De facto, il n'y avait pas d'héritage pour leur famille.

Ces cinq sœurs commencèrent à regarder de très près leur situation et refusèrent sérieusement l'idée de se retrouver sans héritage, sans aucune grâce: « *Les filles de Tselophchad, fils de Hépher, fils de Galaad, fils de Makir, fils de Manassé, des familles de Manassé, fils de Joseph, et dont les noms étaient Machla, Noa, Hogla, Milca et Thirsta, s'approchèrent et se présentèrent devant Moïse, devant le sacrificateur Éléazar, et devant les princes et toute l'assemblée, à l'entrée de la tente d'assignation. Elles dirent: notre père est mort dans le désert ; il n'était pas au milieu de l'assemblée de ceux qui se révoltèrent contre l'Éternel, de l'assemblée de Koré, mais il est mort pour son péché, et il n'avait point de fils. Pourquoi le nom de notre père serait-il retranché du milieu de sa famille, parce qu'il n'a point eu de fils? Donne-nous une possession parmi les frères de notre père »* **(Nombres 27:1-4).**

Les cinq sœurs avaient osé!

L'Éternel avait établi une loi, mais les cinq sœurs trouvaient que cette loi n'était pas juste pour elles. Elles risquaient de voir le nom de leur père disparaître à jamais. Face au prophète de Dieu, elles n'avaient pas été arrogantes, mais c'est avec la bonne manière qu'elles s'étaient tenues devant Moïse. Elles y allaient avec la manière. La ferveur de votre prière, vous poussera assurément à adopter une bonne manière et avoir de bonnes dispositions dans la présence de Dieu. Vous ne serez ni trop bon, ni trop parfait, ni trop juste, ni hautain, quand vous entrerez dans sa sainte présence.

Je le répète, tant que Dieu ne vous impose pas une situation de façon souveraine, entrez dans sa présence, restez-y et attendez l'exaucement. Ne soyez jamais oisif avec les yeux hagards, mais soyez concentré sur le sujet, montrez-lui que le feu vous embrase de l'intérieur. ***Vous ne devez rien lâcher jusqu'à ce que les choses soient vraiment relâchées.*** Ne vous laissez pas assujettir par les évènements et ne vous découragez pas si vite, mais montrez-lui que votre être tout entier est tout dérangé.

Moïse se présenta devant Dieu et lui exposa le cas des cinq sœurs. Le Dieu d'Abraham, d'Isaac et de Jacob, ne s'était pas plaint des cinq sœurs. L'Éternel, n'avait même pas essayé de les punir ou de les frapper de lèpre parce qu'elles avaient osé le contredire. Lisez ce qui suit: « *Moïse porta la cause devant l'Éternel. Et l'Éternel dit à Moïse: Les filles de Tselophchad ont raison. Tu leur donneras en héritage une possession parmi les frères de leur père, et c'est à elles que tu feras passer l'héritage de leur père* » **(Nombres 27:5-7)**.

Alléluia, les filles de Tselophchad ont raison!!

Cette histoire me bouleverse chaque fois, que je la lis dans mes moments de méditation. Les cinq simples filles de leur père ordinaire ***« ont raison »,*** dit l'Éternel! Que se serait-il passé, si les cinq filles avaient accepté les choses telles quelles? Que se serait-il passé, si les cinq sœurs n'avaient pas insisté et intercédé auprès de Moïse? L'Éternel n'aurait sûrement pas modifié cette loi et plusieurs familles ayant seulement que des filles, n'auraient jamais eu aussi l'occasion de bénéficier de l'héritage de leurs pères. De surcroit, l'Éternel leur donna, plus que ce qu'elles avaient bien demandé. Elles demandèrent à Moïse: « *Donne-nous une possession parmi les frères de notre père* ». **Et l'Éternel dit à Moïse**: « *Tu leur donneras en héritage une possession parmi les frères de leur père,* ***et*** *c'est à elles que tu feras passer l'héritage de leur père* ». Cette parole me fait parler en langues…

Voyez-vous, jusqu'où peut vous conduire la ferveur? Avec la ferveur, vous pouvez aussi recevoir au moins en double, de la part de l'Éternel, ce que vous lui demandez. Ces cinq filles ouvrirent la voie aux revendications par rapport aux différentes lois de l'Éternel. Grâce à ces filles, certains allaient désormais voir Moïse, quand ils trouvaient aussi certaines dispositions dans certaines lois qui ne les arrangeaient pas. Ainsi, chaque fois qu'ils se présentaient aussi devant Moïse, l'Éternel répondait à Moïse ***« ils ont raison ».*** Laissez-moi vous le dire très clairement, ***vous aurez aussi raison lorsque vous vous mettrez dans la présence de Dieu pour plaider votre cause en insistant dans la prière.***

Pourquoi baissez-vous les bras quand vous devez les lever? Pourquoi fermez-vous la bouche quand vous devez continuer à l'ouvrir afin d'élever le niveau de votre prière? Lorsque vous insisterez dans la prière comme ces cinq filles et sœurs, vous aurez non seulement l'exaucement, mais aussi, vous deviendrez un puissant instrument béni, entre les mains de l'Éternel. Oui, de l'eau vive jaillira de vous pour arroser votre environnement. Je me suis plusieurs fois posé la question qui suit: il est l'Éternel Dieu, omniscient et Tout-Puissant. Mais pourquoi avait-il laissé ces lois incomplètes? Grand mystère! Ce que je peux dire, ces cinq sœurs Tselophchad avaient tout simplement percé ce mystère. Lequel mystère ira chercher au fond de vous, la ferveur, qui est le caractère des hommes et des femmes qui savent entrer et se tenir dans la présence de Dieu, avec des fardeaux qui dévorent leurs âmes. L'Éternel peut vraiment combler ce qui reste à combler dans vos vies.

Jacob le vainqueur

Si vous n'arrivez pas à saisir le bras de l'Éternel comme Jacob le fit avec l'ange, ce n'est pas sûr et certain, que certaines choses changent dans le spirituel pour vous. Ce mystère, le patriarche Jacob, père des douze tribus d'Israël l'avait bien compris à un moment donné, en exerçant la ferveur dans la prière. Il venait d'être libéré de son beau-père Laban et maintenant, le voici tout craintif à l'idée de savoir que son frère Ésaü était en route pour se venger, « *délivre-moi, je te prie, de la main de mon frère, de la main d'Ésaü! car je crains qu'il ne vienne, et qu'il ne me frappe, avec la mère et les enfants* » **(Genèse 32:11).** Ésaü était en route avec quatre cents de ses hommes les plus vaillants, contre son frère Jacob qui avait à sa suite deux femmes, des enfants, des serviteurs et du bétail. Une opposition déloyale s'annonçait et Jacob, l'avait pressentie au plus profond de lui. Jacob était vraiment préoccupé et troublé. Pendant qu'il se trouvait tout seul, un homme vint lutter avec lui toute la nuit. C'est plus tard, que cet homme lui fera remarquer qu'il venait de lutter avec Dieu, « *Jacob demeura seul. Alors un homme lutta avec lui jusqu'au lever de l'aurore...Il dit encore: ton nom ne sera plus Jacob, mais tu seras appelé Israël; car tu as lutté avec Dieu et avec des hommes, et tu as été vainqueur.* » **(Genèse 32: 24-28).**

Allons-y plus loin et disons que c'est l'ange de l'Éternel, car c'est sur cette appellation que l'Éternel se révélait à nos pères par moments. Pensez-vous réellement, qu'un être humain mortel puisse combattre avec un ange et sortir vivant d'un quelconque duel? Un seul ange a la capacité de détruire toutes les fonctions du corps humain et de mettre en morceaux tous les membres d'un être humain. La bible nous dit que plus tard, c'est un seul ange qui viendra lier le diable, Satan, pour mille ans.

« Puis je vis un ange descendre du ciel. Il tenait à la main la clé de l'abîme et une grande chaîne. Il s'empara du dragon, le serpent ancien, qui est le diable et Satan, l'enchaîna pour 1000 ans et le jeta dans l'abîme. » **(Apocalypse 20:1-2).**

Pouvez-vous donc, mesurer réellement la force que peut posséder un ange du Seigneur?

Que faisait cet homme à cet endroit précis pour engager un combat contre Jacob? Comment Jacob savait-il qu'il pouvait recevoir quelque chose de cet ange au point de lutter de façon acharnée avec lui. *C'est pour cela, je dis qu'il faut être intelligent pour bien comprendre et suivre le mouvement de l'Esprit, si vous voulez aller très loin avec le Seigneur.*

C'est la façon de travailler du Seigneur. Il y a des moments dans la marche chrétienne, le Seigneur ne vous dira rien jusqu'à ce que vous éleviez votre esprit au niveau du Saint-Esprit. Lorsqu'il y a un lourd poids ou un fardeau dans votre cœur, l'Éternel vient toujours vers vous pour vous pousser à le déposer à ses pieds. Aussi, il peut venir à vous pour mettre lui-même un fardeau dans votre cœur pour que vous commenciez à lui présenter cela dans la prière. L'apôtre Pierre a dit: « ... *et déchargez-vous sur lui de tous vos soucis, car lui-même prend soin de vous* » **(1 Pierre 5: 7)**.

Le patriarche Jacob avait un fardeau qui le brûlait et le consumait de l'intérieur. Jacob avait un sérieux problème qui le mettait dans une profonde angoisse. Par l'Esprit, il comprit que cet homme pouvait lui apporter quelque chose de si important, qui pouvait changer sa situation. Il tenait résolument à cette visitation et c'était vital pour lui au point où, l'ange lui demandait de le laisser partir. Je ne sais pas comment, ou quelle partie de l'ange, Jacob avait attrapé à tel point que l'ange était obligé de l'affaiblir. La Bible ne donne pas plus de précision là-dessus.

Quand vous entrez dans la présence de Dieu, vous devez ressortir avec une réponse. Attirez le Seigneur vers vous; accrochez-vous par votre prière à la tunique du Seigneur, comme le fit aussi la femme qui perdait du sang pendant douze ans. Cette femme voulait ardemment sa guérison et la ferveur de sa demande la poussa à se faufiler dans la foule, en traversant le cercle compact que formaient les disciples, jusqu'à toucher le Seigneur Jésus.

Sa ferveur fit sortir une force de Jésus. « *Jésus dit: « Qui m'a touché »? Comme tous s'en défendaient, Pierre et ceux qui étaient avec lui dirent: « Maître, la foule t'entoure et te presse [et tu dis: 'Qui m'a touché? » Mais Jésus répondit: « Quelqu'un m'a touché, car j'ai senti qu'une force était sortie de moi »* **(Luc 8:45-46).** Alléluia!

Pour les disciples de Jésus, c'était normal et évident qu'il soit touché à cause de la densité de la foule. En revanche, pour Jésus, quelque chose d'extraordinaire venait de se produire. ***Jésus venait de révéler que ce ne sont pas tous les 'toucher' et toutes les 'prières', qui peuvent faire réagir le ciel***. Il est important que vous fassiez sortir des forces du trône de Dieu, du trône de grâce par la ferveur de vos prières. Accrochez-vous à la tunique du Seigneur par vos prières! Ainsi, la force qui sortira de la présence de Dieu sera pour vous la réponse à vos prières.

L'ange n'avait pas maudit Jacob, parce qu'il avait osé lutter avec lui. Mieux, il lui accorda une puissante bénédiction. Il est important que vous vous accrochiez fermement à l'exaucement de vos prières. La confiance placée en Dieu doit vous maintenir éveillé dans sa présence. L'ange était là pour bénir Jacob et il n'était nulle part qu'à cet endroit précis. Il savait que Jacob ne se laisserait pas faire, ou du moins, il voulait voir la réaction de Jacob afin de le bénir en conséquence. Combien de fois, Dieu est-il passé vous voir et n'avez-vous pas compris son message? Combien de fois, l'Éternel a-t-il voulu que vous mettiez du vôtre dans la prière et ne l'avez-vous pas fait? Vous aviez juste commencé à prier avec émotion pendant une, deux ou trois semaines et vous aviez tout abandonné par la suite. Il attendait plus de vous, mais hélas! Vous n'êtes pas allé plus loin que cela.

Assurément, je peux vous dire, pendant que l'ange de l'Éternel demandait visiblement à Jacob de le laisser partir avant le jour, il pouvait peut-être dans le secret intercéder tout au fond de lui, en disant: « ***Jacob, vas-y, tu y es presque; n'abandonne pas maintenant et bientôt, ça sera terminé*** ». C'est ce que fit Jacob finalement. Jacob dit à l'ange: *« Et Jacob répondit: je ne te laisserai point aller que tu ne m'aies béni »* **(Genèse 32:26b).** Nous pouvons marquer un arrêt ici, afin de comprendre quelque chose. Jacob ne demanda pas à cet homme ou à l'ange de l'Éternel de le protéger contre son frère Ésaü, ou de le rendre victorieux de cet éventuel face-à-face. Mais il demanda plutôt à l'ange de l'Éternel de le **« bénir »**. Jacob a connu son père Isaac, il a vécu bien entendu avec lui. Aussi, très certainement, son père Isaac lui avait raconté l'histoire de son grand-père Abraham. Alors, lorsque Jacob demanda à l'ange de l'Éternel de ***le bénir*** au lieu de lui parler de ce qui le préoccupait à cet instant précis, il savait exactement ce qu'il demandait. En tant que Juif, Jacob savait très bien ce que signifie ***« être béni »***.

Il devait demander à Dieu une intervention contre Ésaü. Mais non, il demanda la bénédiction. En Hébreux, la bénédiction qui est *berakah,* vient du verbe bénir qui est *barak* qui signifie le salut ou la force de salut. À l'origine être béni, c'est recevoir divinement le pouvoir de vivre pleinement heureux pendant son existence sur la terre. David avait dit ceci: *« Oui, le bonheur et la grâce m'accompagneront tous les jours de ma vie »* **(Psaumes 23 :6b)**. Ainsi, lorsque le patriarche Isaac bénissait Jacob en lieu et place d'Ésaü, Isaac transférait tout ce qu'il fallait à Jacob pour réussir dans la vie sur la terre. Aussi, lorsque Jacob à son tour par imposition des mains bénissait les enfants de Joseph, à savoir

Manassé et Éphraïm, il leur communiquait toutes les forces nécessaires pour jouir véritablement et complètement de la vie.

Pour les bénéficiaires de ces différentes bénédictions, il n'était pas juste question d'un quelconque succès, de la réussite, ou d'une bonne santé. Mais plutôt d'un **assemblage d'éléments**, qui leur assurera le plein bonheur pendant leur existence sur la terre. ***C'était une question de destinée!*** Jacob voulait que sa destinée change complètement. Il ne voulait pas juste d'une victoire d'un jour face à Ésaü. Il ne voulait non plus, d'une protection contre son frère. Il voulait plus. Il voulait que sa destinée change! Il projetait sa vie dans le futur. Et pour le futur, il voulait plusieurs victoires, plusieurs protections, plusieurs besoins pourvus, plusieurs guérisons, plusieurs interventions, etc. En un mot, Jacob voulait une intervention divine qui lui permettra non seulement de jouir de la vie avec ses progénitures, mais aussi, qui assurera une vie paisible à ses descendants, *« Je ne te laisserai point aller, que tu ne m'aies béni »*. Il insista de toute son âme pour que l'ange le bénisse.

J'aimerais vous dire précisément ceci: lorsque Dieu vous bénit, ce n'est pas juste concernant vos affaires, votre mariage, vos études, vos enfants, etc. Mais il bénit plutôt, tout ce qui vous concerne et tout ce qui est vôtre. Il est avec vous! Il vous met dans les dispositions pour que vous lui rendiez grâces en tout et pour tout.

Ce qui est merveilleux et puissant dans cette visitation divine que reçut Jacob, c'est que l'ange de l'Éternel avait bien compris le cri de cœur et la ferveur de la prière ou de la demande de Jacob. Il lui demanda : *« Il lui dit: quel est ton nom? Et il répondit: Jacob »* **(Genèse 32 :27)**. Il est important de comprendre que divinement, les noms que nous portons à l'instar des noms que l'Éternel donna à ses enfants dans la bible ont toujours été reliés à leurs destinées prophétiques**.** Tout simplement, la destinée prophétique représente le plan de vie personnel que Dieu a établi, pour tout un chacun de nous en fonction de nos singularités.

Dieu a dit à Jérémie: *« La parole de l'Éternel me fut adressée, en ces mots: avant que je t'eusse formé dans le ventre de ta mère, je te connaissais, et avant que tu fusses sorti de son sein, je t'avais consacré, je t'avais établi prophète des nations »* **(Jérémie 1:4-5).** David avait aussi dit ceci: *« Quand je n'étais qu'une masse informe, tes yeux me voyaient; et sur* *ton livre étaient tous inscrits les jours qui m'étaient destinés, avant qu'aucun d'eux existât »* **(Psaumes 139 :16).**

Ainsi, l'ange de l'Éternel était sur le point de changer toute l'histoire de Jacob afin qu' il entre désormais dans sa destinée prophétique, *« Il dit encore: ton nom ne sera plus Jacob, mais tu seras appelé Israël; car tu as lutté avec Dieu et avec des hommes, et tu as été vainqueur »* **(Genèse 32:18).** Voyez-vous, la ferveur dans la prière vous transportera dans le domaine de l'Esprit pour aller chercher la volonté de Dieu pour vous. Je vais le dire autrement. Lorsque vous serez engagé dans la prière avec ferveur, à un moment donné, ce ne sera plus vous qui prierez, mais le Saint-Esprit qui utilisera votre bouche pour prier. ***Ainsi, Le Saint-Esprit, connaissant la volonté parfaite de Dieu, vous mettra à cœur de dire à Dieu ce qui est parfait et réalisable pour vous***. Voyez-vous cela?

Évidemment, l'ange de l'Éternel était là pour changer le nom de Jacob. ***Mais il a fallu que Jacob soit fervent ou insistant avant que l'Éternel ne libère sa bénédiction.*** Sinon, l'ange serait venu changer directement son nom au lieu d'engager une lutte. ***Son nom était déjà changé dans le***

spirituel, mais non relâché dans le physique. Votre ferveur doit amener Dieu à relâcher ce à quoi vous avez droit dans le physique. Par cette seule visitation divine, Jacob reçut deux bénédictions: celle d'avoir reçu le changement de son nom pour sa destinée et celle que l'ange n'avait pas mentionnée, mais qui se trouvait au fond du cœur de Jacob et qui faisait partie du ***package-bénédiction***. À savoir, toucher et incliner le cœur de son frère Ésaü, qui venait à sa rencontre pour lui faire la guerre.

Car plus tard, avec Ésaü son frère jumeau, ce furent des salutations fraternelles au lieu d'une bataille fratricide, « *Ésaü courut à sa rencontre, le prit dans ses bras, se jeta à son cou et l'embrassa. Tous deux se mirent à pleurer* » **(Genèse 33:44).** *Bien-aimé, pénétrez le saint des saints, la présence de Dieu!*

Abraham, le patriarche

L'Éternel avait entendu parler de la méchanceté des villes Sodome et Gomorrhe et voulait s'assurer de la véracité des informations à leurs sujets. Mais entre-temps, il avait prévu de faire une belle surprise à Abraham, son serviteur. Après avoir annoncé exactement la naissance d'Isaac à Sarah et Abraham, l'Éternel annonça à Abraham, son départ pour Sodome et

Gomorrhe. S'il était avéré que les informations qu'il reçut au sujet de ces villes étaient exactes, il détruirait ces villes. Regardez de très près ce que fit le patriarche Abraham. ***Il entra sérieusement et automatiquement dans une phase de supplication et d'intercession très profondes.***

Très sérieusement, de vous à moi, l'Éternel aurait pu aller directement à Sodome et Gomorrhe sans passer chez Abraham. Ou encore, il serait parti visiter Sodome et Gomorrhe un autre jour et réserver ce jour spécial, seulement pour Abraham et Sarah. Mieux, il se serait levé et partir à Sodome et Gomorrhe sans tenir informer Abraham de sa prochaine escale. Non, il ne fit rien de tout cela, ***parce qu'il voulait qu'Abraham fasse ce qu'il avait fait, c'est à dire l'intercession et la supplication. L'Éternel venait de placer un véritable fardeau dans le cœur d'Abraham.***

À cause de l'importance et du poids de ce fardeau, Abraham intercéda en faveur des villes: si Dieu trouvait cinquante justes dans la ville, jusqu'à dix justes. Et finalement, son intercession a sauvé Lot et sa famille, *« Alors l'Éternel dit: « Cacherai-je à Abraham ce que je vais faire... Abraham dit: « Que le Seigneur ne s'irrite pas et je ne parlerai plus que cette fois. Peut-être s'y trouvera-t-il dix justes. » L'Éternel dit: « Je ne la détruirai pas à cause de ces dix justes »* **(Genèse 18:17-32).**

Abraham avait commencé sa prière pour cinquante personnes jusqu'à ce qu'il la termine pour dix personnes. Sa prière a pu seulement sauver quatre personnes parce qu'il n'existait même pas dix justes dans cette ville. Finalement, trois personnes des quatre avaient été sauvées. À savoir, Lot et ses deux filles. À chaque intercession, Abraham disait ceci: ***« Voici que j'ai eu l'audace de parler au Seigneur, moi qui ne suis que poussière et cendre »; « Que le Seigneur ne s'irrite pas et je parlerai »; « Que le Seigneur ne s'irrite pas et je ne parlerai plus que cette fois »***.

Avec cette façon de s'exprimer face à l'Éternel, Abraham voulait s'assurer de ne pas frustrer l'Éternel en voulant insister dans sa prière ou son intercession. Abraham pensait que son insistance pourrait fâcher le Seigneur; il voulait s'assurer que sa ferveur ne soit pas de trop. Et moi, je voudrais que vous compreniez, que votre insistance ou votre ferveur ne sera jamais mal vue par l'Éternel. Engagez-vous seulement et le ciel sera avec vous. ***Parfois, la ferveur dans votre adoration ou dans***

votre vie de prière vous amènera à faire des choses que Dieu veut.

À certains moments, il ne sera pas seulement question de vous, de vos besoins, de vos familles, de vos parents, mais aussi de la prière en faveur de l'avancement de l'œuvre de Dieu, des hommes qui meurent sans le connaître, de votre pays et en faveur de tous les saints pour que l'Étendard de l'Évangile soit toujours allumé. Votre prière sera animée d'une telle intensité puissante qui croisera la volonté de l'Éternel au point de vous apporter l'exaucement. *C'est cela, la prière fervente qui a une grande efficacité!* L'Éternel Dieu, avait besoin d'Abraham pour intercéder et Abraham aussi, n'était pas prêt à laisser périr les habitants de ces villes et sa famille dans le jugement de Dieu. Aujourd'hui, c'est votre tour! ***Le jour, vous réaliserez que L'Éternel a besoin de vous autant que vous avez besoin de lui, toute votre vie de prière prendra une autre tournure.***

Peu importe votre situation géographique, vous pouvez entrer en prière avec une intensité en vue de faire bouger les choses, bouger les lignes et de renverser les forteresses. Abraham n'avait pas besoin de se rendre à Sodome et Gomorrhe pour prier efficacement. Il fit cela en étant chez lui et plaidant dans la présence de Dieu pour son neveu et sa famille, ainsi que pour les différents peuples.

Le roi Joas

« Et il dit: ouvre la fenêtre à l'orient. Et il l'ouvrit. Élisée dit: Tire. Et il tira. Élisée dit: c'est une flèche de délivrance de la part de l'Éternel, une flèche de délivrance contre les Syriens; tu battras les Syriens à Aphek jusqu'à leur extermination. Élisée dit encore: prends les flèches. Et il les prit. Élisée dit au roi d'Israël: Frappe contre terre. Et il frappa trois fois, et s'arrêta. L'homme de Dieu s'irrita contre lui, et dit: il fallait frapper cinq ou six fois; alors tu aurais battu les Syriens jusqu'à leur extermination; maintenant, tu les battras trois fois.» **(2 Rois 13: 17-19).**

Le roi n'avait tiré que trois flèches contre terre! Quelle déception et quelle faiblesse! Le roi avait entre ses mains l'ultime occasion d'être délivré complètement de ses ennemis. Mais hélas! Voyez-vous, le prophète Élisée manifesta une sainte colère contre le roi pour ce manque de ferveur, de vision et de pertinence. Cette histoire dérange profondément mon âme et me conforte par la même occasion, dans ma position d'être intelligent et très inspiré avec le Seigneur. Élisée était prophète de Dieu. Il avait donc la capacité surnaturelle de voir souvent dans le surnaturel. Mais pour quelle raison, le Prophète Élisée ne lui avait-il pas tout dit d'avance? Pourquoi ne lui avait-il pas dit par exemple ceci: « *écoute, cher roi, j'ai une révélation concernant tes ennemis, les ennemis d'Israël. C'est une flèche de délivrance et tu devras tirer au moins cinq flèches contre terre pour avoir la victoire et l'extermination totale des ennemis* »?

En effet, très souvent, pour les questions spirituelles, vous devez pouvoir de vous-même, faire sortir ce qui est au fond de vous. Vous devez être très intelligent et fervent, afin de suivre le mouvement du Seigneur. ***C'est ce qui est au fond de vous que Dieu recherche, une personne tenace, touchée et dérangée***. La plupart du temps, quand le Seigneur Jésus devait opérer les miracles de guérison, la Bible précise qu'il était ému. En d'autres termes, il était touché par la situation de toutes ces personnes, « *Ému de compassion, Jésus toucha leurs yeux; et aussitôt, ils recouvrèrent la vue, et le suivirent.* » **(Matthieu 20:34).**

Tant qu'une quelconque situation ne vous touche pas profondément, vous ne pouvez vraiment pas chercher les voies et moyens pour une solution parfaite et durable. Et cela, le roi ne l'avait pas compris. De plus, il a montré sa faiblesse. Il aurait dû tirer jusqu'à ce que l'oint de Dieu, le prophète Élisée lui dise d'arrêter de tirer en vue d'obtenir l'extermination totale. *N'arrêtez surtout pas d'insister dans la présence de Dieu!* Et ce mystère, le prophète Élisée le connaissait aussi.

Les Prophètes Élisée et Élie

Le prophète Élisée connaissait le prophète Élie. Il a vécu avec le prophète Élie dans les temps avant son enlèvement. Il a eu à marcher avec le prophète Élie depuis sa consécration. Il était auprès du prophète tout en sachant que le Seigneur l'enlèvera. À maintes reprises, le prophète Élie lui demanda de se retourner et de le laisser continuer tout seul le chemin. Mais il avait toujours refusé et insista pour rester aux côtés du prophète Élie. Il avait réussi à persuader Élie de le laisser le suivre tellement il insistait. Élisée ressemblait à quelqu'un qui s'attendait à recevoir quelque chose. Quand Élie lui donna enfin l'opportunité de faire sa demande, sans hésiter et sans trembler, il lui demanda la double portion de son esprit.

« Lorsqu'ils eurent passé, Élie dit à Élisée: demande ce que tu veux que je fasse pour toi, avant que je sois enlevé d'avec toi. Élisée répondit: qu'il y ait sur moi, je te prie, une

double portion de ton esprit! » **(2 Rois 2 : 9)**. Elie était aussi prophète de l'Éternel et il recevait les paroles directement de Dieu. Il aurait pu dire d'emblée à Élisée, son futur successeur, de tout faire pour rester en sa compagnie en vue de recevoir la double portion de son esprit au lieu de lui demander de se retourner. Il ne fit pas cela. Pourquoi? ***La ferveur ou l'insistance est le caractère des gagneurs.*** C'est l'état d'esprit des personnes qui comprennent la vision du Seigneur. Et ceci n'est pas un don, mais il vous incombe d'aller la chercher, la puiser tout au fond de vous. *Mieux, La ferveur est la fibre divine des enfants de Dieu.* **Prenons le cas de l'Éternel lui-même**.

Depuis la chute de l'homme dans le jardin, l'Éternel a tout essayé afin de rapprocher l'homme de lui. Il a commencé avec le sang et les sacrifices des animaux; il a établi les juges et les rois tout en envoyant ses messagers, les prophètes. Tout cela étant insuffisant et imparfait, il décida de venir lui-même sur la terre par Jésus-Christ, pour définitivement régler et réparer la relation entre lui et tous ceux qui croiront en lui. Il a insisté en vue du salut de l'humanité en quittant sa zone de confort. *Quelle ferveur ou quelle insistance de la part de notre Dieu!*

Malgré le caractère difficile de sa demande, Élisée savait que ce n'était pas impossible. Il lui fallait seulement être concentré sur sa demande et sur l'oint de Dieu. Il ne devait pas se laisser distraire par tout ce qu'il voyait et entendait par les fils de prophètes. Aussi, il ne se laissait pas intimider par le caractère même spécial de sa demande. La rencontre de ces deux prophètes est pleine de révélations.

Mais veuillez recevoir celle-ci. Élisée, devait être constamment dans la présence d'Élie et bouger au même rythme que le prophète. Il devait être présent et capable de voir Élie être enlevé. Ce qui pouvait l'amener à s'oublier soi-même et plus, à toujours demeurer dans l'intimité du prophète Élie. J'espère que vous comprenez ce que je veux dire. Il se devait d'être fervent dans sa demande. « ***Il a fait sa demande et il devait avoir le caractère qui lui convenait*** ».

Les affaires spirituelles ne sont pas pour les faibles avec des prières faibles. Vous devez élever le niveau. Élie n'avait rien refusé à Élisée et l'Éternel, non plus. Bien au contraire, sa concentration, sa détermination et sa ferveur ont fini par payer. Il reçut la double portion de l'esprit du prophète Élie! Vous devez oser entrer dans sa présence et y demeurez jusqu'à ce que vous sortiez avec l'exaucement. Votre prière doit être intense au point où, même les forces du deuxième ciel ne pourront pas l'arrêter. Suivez ceci: de quelle manière, Élisée serait-il retourné en passant le Jourdain sans le manteau d'Élie? Du côté du Jourdain où il se trouvait avec Élie, il y avait sûrement des bêtes sauvages. La récupération du manteau d'Élie était donc indispensable. Le prophète Élie, avec toute l'onction qu'il possédait, fuyait devant Jézabel pour sauver sa vie. Vous pouvez juste un tout petit peu, comprendre la nécessité pour Élisée d'avoir cette double portion de l'Esprit qui était sur la vie d'Élie. Que voulez-vous de la part de Dieu?

Daniel n'avait pas prévu de faire un jeûne de vingt et un jours. Il tenait juste à prier L'Éternel, pour comprendre la révélation sur la vision qu'il venait de recevoir. Mais le messager chargé de l'exaucement fut bloqué. Voici la précision que fit l'ange. Il dit: *« Daniel, n'aie pas peur, car dès le premier jour où tu as eu à cœur de comprendre et de t'humilier devant ton Dieu, tes paroles ont été entendues, et c'est à cause d'elles que je suis venu. Le chef du royaume de Perse m'a résisté vingt et un jours, mais Michel, l'un des principaux chefs, est venu à mon aide et suis resté là, près des rois de Perse »* **(Daniel 10:13).**

Il voulait juste comprendre et pour cela, il s'est abaissé devant Dieu. Ce n'était pas Dieu qui fit tarder sa réponse, mais plus tôt, le chef du royaume de Perse. Vous ne pouvez même pas imaginer le nombre de prières qui sont restées sans réponses par le fait des forces du mal. Aujourd'hui, nous avons pour nous, l'histoire de Daniel pour comprendre cela. Mais Daniel n'avait pour lui, aucune référence spirituelle pour s'y préparer. J'ai bien compris que dans le service de Dieu, lorsque vous souhaitez vous engager à la prière, il faudrait que vous portiez un grand et profond intérêt à ce que vous souhaitez bien soumettre. Un vrai intérêt et de bonnes motivations. Les évènements, les sujets et vous, devez faire une seule personne. Et pour cela, Daniel s'abaissa jusqu'à entrer dans une profonde intercession remplie de supplications devant le Seigneur. La situation du peuple doit vous toucher profondément. ***Plus les choses vous intéressent véritablement, plus vous serez conduit à prendre de bonnes dispositions devant le Seigneur, afin d'obtenir une réponse.***

Daniel, tenait à sortir de la présence de Dieu avec une révélation claire de ce qu'il venait de voir. Il était perturbé, désespéré et voulait que l'Éternel lui parle. Il avait oublié la notion du temps quand il se jeta dans ce moment de prière. Il n'avait aucune idée de ce qui se passait au deuxième ciel. Mais son endurance et sa ferveur étaient à un niveau élevé. Ses prières étaient tellement « brûlantes », que le royaume de Perse ne pouvait pas retenir assez longtemps son exaucement.

Dans le livre des prières exaucées au ciel, il y avait des points d'interrogation: le ciel avait déjà répondu à la prière de Daniel, mais pourquoi Daniel pouvait-il continuer de prier? Seule la ferveur est capable de remuer le ciel. Je sais que plusieurs « Daniels » vont se lever de partout pour la cause de l'Évangile, une armée de *guerriers spirituels* va se positionner pour la gloire de Dieu.

Le prophète Ésaïe a dit, pour l'amour de Sion, je ne me tarai point, *« Pour l'amour de Sion je ne me tairai point, pour l'amour de Jérusalem je ne prendrai point de repos, jusqu'à ce que son salut paraisse, comme l'aurore, et sa délivrance, comme un flambeau qui s'allume »* **(Ésaïe 62:1).**

Alors, suivez-moi bien: pour l'amour de l'Évangile, pour l'amour de votre famille, des personnes qui ne connaissent pas encore le seigneur, vous devez adresser des prières très « brûlantes » comme des pierres très chaudes qu'aucune force des ténèbres ne pourra attraper. *Une grande ferveur doit vous animer pour gagner de grandes victoires.* Vous devez pouvoir prier jusqu'à perdre votre vocabulaire comme le fit Anne.

Anne, la mère du premier prophète d'Israël

Chaque année, Anne avait l'habitude de se rendre à Shilo pour prier et faire ses offrandes. L'écriture ne nous dit pas exactement pendant combien de temps, elle s'était rendue au temple jusqu'au jour de l'exaucement de sa prière. Car Anne était stérile, *« Et toutes les années il en était ainsi. Chaque fois qu'Anne montait à la maison de l'Éternel, Peninna la mortifiait de la même manière. Elle pleurait et ne mangeait point »* **(1 Samuel 1:7).**

Les écritures précisent que le sacrificateur Éli était présent, lorsque Anne priait ce jour-là. Mais alors, Éli n'était-il pas présent les autres fois, les autres années, quand Anne se rendait au temple? Seraient-ce ses enfants, Hophni et Phinées présents tout ce temps au temple? Car ils avaient la mauvaise habitude de prendre pour eux, toutes les offrandes destinées à l'Éternel. Anne, avait-elle fait des vœux pendant toutes ces années, lorsqu'elle se rendait au temple ou bien c'était juste cette fois-là?

Si le sacrificateur Éli était présent toutes ces fois, pourquoi n'était-il pas venu vers elle comme cette fois-là? Ce sont là, des points d'interrogation sur lesquels vous pouvez méditer. Je tiens seulement à me limiter à ce qui est écrit.

Avant son exaucement dans sa dernière année de prière pour son état de stérile, elle fit un vœu , « *Elle fit un vœu, en disant: Éternel des armées! si tu daignes regarder l'affliction de ta servante, si tu te souviens de moi et n'oublies point ta servante, et si tu donnes à ta servante un enfant mâle, je le consacrerai à l'Éternel pour tous les jours de sa vie, et le rasoir ne passera point sur sa tête. Comme elle restait longtemps en prière devant l'Éternel, Éli observa sa bouche. Anne parlait dans son cœur, et ne faisait que remuer les lèvres, mais on n'entendait point sa voix. Éli pensa qu'elle était ivre, et il lui dit: Jusques à quand seras-tu dans l'ivresse? Fais passer ton vin. Anne répondit: non, mon seigneur, je suis une femme qui souffre en son cœur, et je n'ai bu ni vin ni boisson enivrante; mais je répandais mon âme devant l'Éternel. Ne prends pas ta servante pour une femme pervertie, car c'est l'excès de ma douleur et de mon chagrin qui m'a fait parler jusqu'à présent* » **(1 Samuel 1 : 11-17).**

Anne ne savait pas que c'était la dernière année de l'amertume qu'elle portait dans son cœur. Cependant, elle était encore là, dans la maison de Dieu, pour prier. Votre ferveur dans la prière peut faire venir à vous les occasions de destinée. Elle peut attirer à vous les personnes qu'il faut et peut vous conduire dans les places qu'il faut au moment qu'il faut. Sa grande persévérance et sa ferveur ont pu certainement immobiliser ce jour-là, le sacrificateur en chef au temple au lieu de ses enfants, pour libérer à son endroit la parole qui allait la propulser dans son miracle. Laissez la ferveur vous diriger!

Pendant toutes ces années d'amertume, elle n'avait pas abandonné ni perdu espoir en Éternel. Quand Anne n'avait pas de miracle l'année précédente, elle retournait encore l'année d'après, poursuivie toujours par les mortifications de sa coépouse Pennina. La ferveur de votre prière peut vous pousser à chercher au fond de vous, des résolutions, des décisions, ou des vœux à faire devant l'Éternel qui, quelques fois, n'attend que cela pour déclencher certainement votre exaucement. Les situations humaines étant différentes les unes des autres, ***votre ferveur ira chercher le Saint-Esprit afin de souffler à votre esprit, juste ce qu'il vous faut de façon particulière, pour un exaucement sans précédent***.

*« Comme elle restait longtemps en prière devant l'Éternel, Éli observa sa bouche ». **Je prie que l'Éternel envoie son ange pour observer votre bouche!***

Certainement, les personnes qui allaient au temple pour prier et faire des sacrifices avaient l'habitude de prier pendant un certain temps bien défini. Mais le fait qu'Anne soit restée longtemps devant l'Éternel, a attiré le sacrificateur vers elle. ***Que votre ferveur vous pousse à rester longtemps dans la présence de Dieu en vue d'attirer son attention!*** Peut-être qu'Anne, avait prié plus longtemps que la plupart des fidèles qui venaient au temple. Qui sait? Mais la réalité, c'est qu'elle attira Éli par son endurance. Si seulement si, vous pouvez vous faire remarquer par le Seigneur dans sa présence, au point de répandre votre âme comme Anne le fit, je peux vous dire que bientôt, le ciel vous dira aussi, ***«Va en paix, et que le Dieu d'Israël exauce la prière que tu lui as adressée!»***. Encore une fois, *«Va en paix, et que le Dieu d'Israël exauce la prière que tu lui as adressée! »*.

Voyez-vous, lorsqu'un homme de Dieu est sous l'onction ou dans l'onction, tout ce qu'il vous dit vient du ciel, de Dieu. Il devient le porte-parole de Dieu; Dieu se sert de sa bouche pour déclarer. C'était donc l'Éternel, qui parlait à Anne à travers le sacrificateur Éli, lui disant sûrement: ***moi, l'Éternel, je déclare que tu as désormais la paix, car j'exauce ta prière***. Alléluia!

Je vous fais voyager dans la bible qui est la parole de Dieu, dans le seul but de vous révéler la portée de la ferveur. Dieu n'est pas contre la ferveur. L'Éternel ne vous résistera pas parce que vous êtes insistant et même trop insistant auprès de lui. Ce que vous percevez et ce que vous voyez, ne doivent pas vous décourager à demeurer dans la sainte présence de Dieu. Vous devez refuser d'écouter toutes ces voix négatives qui pourraient vous impacter et vous bloquer l'accès à la présence de Dieu. Durant toutes ces années à son service, j'ai appris l'une des choses qui ont contribué à renforcer ma vie de prière. ***Lorsque vous priez, continuez de prier et que vous constatez par la suite, que les choses pour lesquelles vous priez n'évoluent pas, mais bien au contraire, vont de mal en pire, mettez-vous à rire de cette situation. Permettez-vous de rire, même de rire aux éclats. De plus, appuyer à fond l'accélérateur de votre prière parce que la réponse n'est plus trop loin de vous***. Ceci m'a beaucoup fait du bien.

Voici une expérience parmi tant d'autres que je n'oublierai jamais. J'ai eu à prier pour un homme; j'ai porté cet homme en prière pendant des années sans jamais abandonner. J'ai prié pour sa conversion, car je souhaitais que cet homme connaisse le Seigneur. Je ne voulais pas qu'il passe dans l'éternité sans connaître le Christ. Plus je priais pour que le Seigneur touche son cœur, plus je pouvais constater qu'il s'éloignait davantage du Seigneur. Une année de plus, après avoir quitté la ville dans laquelle nous étions tous deux, il m'annonça qu'il avait donné son cœur et sa vie au Seigneur Jésus. Il est évident que ma joie fut grande. Et la bonne nouvelle aujourd'hui, c'est que cet homme sert avec zèle et efficacité le Seigneur Jésus comme apôtre avec une onction excellente dans le ministère auquel le Seigneur l'a appelé.

C'est la ferveur dans votre prière qui peut vous amener à la satisfaction. N'a-t-il pas dit: « *Jusqu'à présent, vous n'avez rien demandé en mon nom. Demandez, et vous recevrez, afin que votre joie soit parfaite.* » **(Jean 16:24).**

Prenez sérieusement le temps d'examiner la vie de prière et d'adoration de tous les hommes et femmes dans la Bible. Il y avait de la ferveur! Lorsque vous prendrez le temps d'entrer dans sa présence avec une totale confiance en lui, vous ne serez pas déçu. Quand vous avez confiance en Dieu, il sait qu'il ne peut pas vous décevoir. Certes, dans les premiers moments, vous ne pourrez pas comprendre l'Éternel, mais quand viendra le moment ou l'occasion de réaliser sa bienveillance à votre égard, les chants d'allégresse, comme des cantiques chantés par Marie après la traversée de la mer rouge, rempliront votre bouche.

David décida de prier et de ne rien manger jusqu'à ce que l'Éternel guérisse son fils malade. La mort était plus forte, car l'enfant mourut. David se releva, se parfuma et chercha de quoi manger tout en bénissant Dieu. Ses serviteurs étaient tous étonnés de le voir ainsi. «*Alors David se leva de terre. Il se lava, s'oignit, et changea de vêtements; puis il alla dans la maison de l'Éternel, et se prosterna. De retour chez lui, il demanda qu'on lui servît à manger, et il mangea. Ses serviteurs lui dirent: que signifie ce que tu fais? Tandis que l'enfant vivait, tu jeûnais et tu pleurais; et maintenant que l'enfant est mort, tu te lèves et tu manges!* » **(2 Samuel 12:20-21).**

La ferveur que vous portez dans votre adoration et votre prière, vous amènera à un niveau que même vos proches et les forces des ténèbres ne vous comprendront pas. Vous ne vous laisserez plus gagner par la fatigue, même par le <u>non-exaucement des prières</u> et par les forts soubresauts de la vie.

Moïse, les mains élevées

Josué et Caleb se trouvaient sur le terrain avec les autres contre les Amalécites tandis qu'Aaron et Hour étaient avec Moïse sur la montagne. Chaque fois que Moïse levait les mains, Israël était vainqueur, et quand il les baissait sous le poids de la fatigue, les fils d'Amaleck étaient vainqueurs, « *Lorsque Moïse élevait sa main, Israël était le plus fort; et lorsqu'il baissait sa main, Amalek était le plus fort...et ses mains restèrent fermes jusqu'au coucher du soleil* » **(Exode 17:11-12)**. Cela est bien triste, mais c'est ce que nous vivons tous les jours dans la marche chrétienne. La fatigue et tous les éléments que nous avons autour de nous, viennent mettre un frein à notre épanouissement spirituel, nous entraînant avec force dans une vie chrétienne à dents de scie.

Quand les enfants de Dieu pensent être debout et prennent l'engagement d'aller en eau profonde ou de s'approcher le plus près possible du Seigneur, c'est à ce moment-là, qu'un vent d'assoupissement vient les souffler pour les endormir. Et ils manquent ainsi, de puissants réveils spirituels. Les prières non exaucées et les situations difficiles nous étouffent au point que nous commençons à douter du Seigneur. Dès lors, toute la victoire est à l'ennemi. Mais la fatigue n'empêchait pas Moïse de lever davantage ses bras pour assurer la victoire au peuple de Dieu. C'est cela la ferveur du croyant: ***continuer et toujours continuer***. Il avait tellement insisté qu'Aaron et Hour, conscients de la situation, cherchèrent et trouvèrent un moyen pour une victoire totale, complète et explosive sur les Amalécites.

Répétez après moi: *J'ai la victoire sur les forces de ténèbres dans tous les domaines de ma vie au Nom de Jésus!* (3 fois).

Ils trouvèrent une pierre qu'ils placèrent sous Moïse pour qu'il s'asseye et chacun pouvait enfin soutenir de chaque côté le bras de Moïse pour une extermination sans précédent de l'ennemi. Alléluia! Comme, je l'ai déjà signifié plus haut, la ferveur peut vous amener à prendre des décisions importantes dans votre vie; elle peut aussi vous amener à voir les choses et les évènements à travers les yeux du Saint-Esprit. Plus, elle peut vous transporter à un niveau de révélation extraordinaire sur la manière dont Dieu veut voir les choses avancer.

Personne n'avait discuté avec Aaron et Hour pour trouver un moyen de victoire. L'Éternel n'avait parlé ni à Moïse, ni à

Aaron et ni à Hour, sur la manière dont ils devaient procéder. **Ils avaient réfléchi et trouvé par eux-mêmes, ce qu'ils devaient faire.** C'est ce que j'appelle, être intelligent dans le Seigneur pour comprendre le mouvement de l'Esprit. C'est d'ailleurs, très important d'avoir de l'intelligence et de la compréhension des choses. Quand le messager de Dieu, l'ange Gabriel s'était présenté devant Daniel, il disait ceci: «*Il m'instruisit, et s'entretint avec moi. Il me dit: Daniel, je suis venu maintenant* ***pour ouvrir ton intelligence***. » **(Daniel 9 : 22).**

Répétez après moi:

Mon Dieu, ouvre mon intelligence au Nom Puissant de Jésus ! (3 fois).

Il est important que vous reteniez précieusement ceci: l'Éternel, le Dieu d'Abraham, d'Isaac et de Jacob, fut très impressionné par ce caractère fervent et puissant de ses serviteurs sur la montagne au point de dire ceci à Moïse, « *L*'Éternel dit à Moïse : ***Écris cela dans le livre, pour que le souvenir s'en conserve****, et déclare à Josué que j'effacerai la mémoire d'Amalek de dessous les cieux* » **(Exode 17: 14).** *Oh, que j'aime profondément la parole de Dieu!* L'Éternel demandait à Moïse d'écrire la stratégie que ses hommes et lui, avaient mise en place pour obtenir la victoire sur Amalek. ***Laissez l'Éternel apprécier la ferveur de votre prière!*** L'Éternel avait promis la victoire à son peuple, mais il n'avait pas donné la stratégie à mettre en place pour la victoire. C'est Moïse et ses frères d'armes qui trouvèrent cette stratégie**. *C'était leur stratégie!*** Finalement, ***l'Éternel fut très fier d'avoir collaboré avec ses serviteurs.*** Votre ferveur vous conduira dans une dimension où vous pourrez collaborer avec l'Éternel. J'ai beaucoup à vous écrire sur la ferveur dans la prière, mais pour des besoins objectifs quant au volume de ce livre, je voudrais bien me donner des limites. Savez-vous pourquoi Dieu demanda expressément à Moïse de déclarer spécifiquement ceci à Josué ceci: *« …déclare à Josué que j'effacerai la mémoire d'Amalek de dessous les cieux »?* J'essaie de vous expliquer cela.

L'Éternel a fait de Moïse un dieu pour pharaon et pour tout le reste. Moïse était vraiment puissant. Moïse était d'un autre niveau spirituel par rapport aux autres, y compris Josué, son serviteur. Moïse se tenait constamment dans la présence de Dieu et il parlait avec lui bouche à bouche. Josué était serviteur de Moïse et de facto, serviteur de Dieu. Pour ce qui venait de se passer avec les Amalécites, Josué, serviteur de Moïse, serviteur de Dieu, avait besoin d'une parole pour la suite des combats et des évènements. Il avait juste besoin d'une conviction profonde sur cette victoire. Il en avait besoin pour être galvanisé pour les prochaines batailles. N'étant pas encore le moment pour Dieu de lui parler directement, il mandata alors Moïse à cet effet. C'est ce que fit Moïse avec fidélité.

Maintenant, suivez-moi très bien: lorsque vous vous engagez fortement dans la prière, il arrive des temps où vous avez juste besoin d'une seule parole, ou d'une direction de la part de l'Éternel qui viendra vous motiver à aller encore plus loin dans la vie de prière. Cette parole que vous recevrez, sera pour vous une énergie ou une force spirituelle, comme la force que reçut le prophète Élie lui permettant de dépasser à pied, le char du roi Achab.

Pensez-vous un seul instant, qu'un être humain soit capable de faire une course à pied et de rivaliser avec des chevaux? Non, je ne le pense pas. Mais c'est ce que fit le prophète Élie lorsqu'il eut rattrapé à pied et passé devant le char du roi Achab. Il a pu réaliser cela, parce que la main de l'Éternel se reposait sur lui avec <u>force</u>, « *La main de l'Éternel reposa sur*

Élie qui noua sa ceinture et courut devant Achab jusqu'à l'entrée de Jizreel » **(1 Rois 18 : 46, version Louis Second);** *« Rempli de force par l'Éternel Élie serra sa ceinture autour des reins et courut devant le char du roi Achab jusqu'à l'entrée de Jizrée. »* **(1 Rois 18 : 46, version le semeur).**

Voulez-vous avoir de puissants témoignages qui laisseront des traces pour la gloire de Dieu? Voulez-vous dépasser vos ennemis? Alors, jetez-vous dans les profondeurs de la prière avec une ferveur sans pareille et recevez de Dieu, des paroles et des révélations très fortes pour votre prière et pour votre destinée prophétique. L'Éternel avait donné des paroles fortes et précises au roi Josaphat lui permettant d'exterminer ses ennemis. *« alors l'esprit de l'Éternel saisit au milieu de l'assemblée Jachaziel, fils de Zacharie, fils de Benaja, fils de Jeïel, fils de Matthania, Lévite, d'entre les fils d'Asaph… demain, descendez contre eux; ils vont monter par la colline de Tsits, et vous les trouverez à l'extrémité de la vallée, en face du désert de Jeruel. »* **(2 Chroniques 20 :14-16).**

Alléluia, l'Éternel des armées parle! Quelle précision! L'Éternel venait de donner au roi Josaphat, une précision de taille pour la victoire totale. Il dévoila le plan de l'ennemi et sa position stratégique dans cette guerre. Voulez-vous vraiment éviter de perdre des années inutilement à patauger dans les eaux de la vie? Si oui, comprenez que c'est l'heure de vous engager à prier avec ferveur dans la présence Dieu pour des résultats plus que satisfaisants. Moïse parla à Josué de la part de Dieu, mais pour vous, c'est le Saint-Esprit qui se chargera de vous communiquer tout ce que vous devez recevoir de Dieu. Daniel avait aussi l'ange Gabriel pour lui annoncer les révélations, mais vous, aujourd'hui, vous avez le Saint-Esprit de Dieu pour agir puissamment et infiniment au-delà de tout ce que vous pouvez imaginer ou même penser. J'aime vraiment cette parabole citée par le Seigneur Jésus, la parabole du juge inique.

Le juge inique

« *Il dit: il y avait dans une ville un juge qui ne craignait point Dieu et qui n'avait d'égard pour personne. Il y avait aussi dans cette ville une veuve qui venait lui dire: fais-moi justice de ma partie adverse… Et Dieu ne fera-t-il pas justice à ses élus, qui crient à lui jour et nuit, et tardera-t-il à leur égard? Je vous le dis, il leur fera promptement justice. Mais, quand le Fils de l'homme viendra, trouvera-t-il la foi sur la terre?* » **(Luc 18:2-8).** Cette histoire donnée par le Seigneur est merveilleuse. Elle est pleine de révélations et nous oublions parfois la raison pour laquelle le seigneur nous l'a donnée. La bible dit clairement que cette parabole, pleine de sens, est libérée pour nous montrer qu'il faut prier et ne jamais abandonner, « *En ce temps-là, Jésus disait à ses disciples une parabole sur la nécessité pour eux de toujours prier sans se décourager* » **(Luc 18:2-8).**

Cette femme veuve a fini par obtenir la justice, non pas parce que ce mauvais juge pensait qu'elle avait droit à la justice, mais tout simplement parce qu'elle avait réellement fatigué ce juge pour sa cause. Et ce, pendant longtemps! En voulant avoir du répit, le juge lui fit justice. Le Seigneur Jésus n'avait point précisé le nombre d'années qu'elle avait mis à importuner le juge, seulement ***« pendant longtemps ».***

Dans le service de Dieu, j'ai plusieurs fois entendu dire que Dieu n'est pas sourd, il nous entend et nous n'avons donc pas besoin de trop parler ou prier pour qu'il nous écoute et nous exauce. Plusieurs se réfugient dans le verset qui dit, « *quand vous priez, ne multipliez pas vos paroles comme les pharisiens* » **(Matthieu 6 :7).** Les pharisiens étaient des personnes réputées pour leur hypocrisie et ils pouvaient répéter les paroles pour juste montrer aux autres qu'ils priaient beaucoup plus et plus longtemps. Cela était une véritable hypocrisie! Ce n'est pas le cas ici avec cette parabole. C'est bien différent, quand il est question de parler à Dieu, d'insister auprès du Seigneur pour ce que nous désirons ardemment. Sinon, le Seigneur n'aurait pas lui-même donné cette parabole.

Par cette parabole, le Christ, vous donne la possibilité et le privilège de fatiguer, d'importuner le créateur, le juste juge et d'assiéger son trône de grâce avec des supplications et des prières. Il vous demande, non seulement de prier, mais aussi, de ne jamais cesser de prier. Multipliez vos prières et vos supplications en vous attendant à recevoir de Dieu, l'exaucement de vos prières. Car il est le seul qui répond aux prières. L'Éternel ne sera jamais fatigué de vous écouter et il vous répondra toujours. Voici, la révélation que Christ voulait nous donner concernant le trône de grâce. Envahissez le trône de grâce de tous vos pleurs, de toutes vos larmes sincères et avec de grands gémissements; ne vous lassez jamais, comme le fit le Seigneur lui-même, durant cette nuit de grandes victoires à Gethsémané, *« C'est lui qui, dans les jours de sa chair, ayant présenté avec de <u>grands cris</u> et avec <u>larmes des prières</u> et <u>des supplications</u> à celui* *qui pouvait le sauver de la mort, et ayant été exaucé à cause de sa piété* » **(Hébreux 5 : 7).**

Le roi David avait aussi percé ce mystère et il ne s'en privait point. Il a passé de longs moments dans la présence de Dieu avec des larmes, des pleurs et de nombreuses supplications sans s'arrêter. Il savait très bien que l'Éternel l'écoutait, « *Je m'épuise à force de gémir ; chaque nuit ma couche est baignée de mes larmes, mon lit est arrosé de mes pleurs* » **(Psaumes 6:6).** Et la bible dit de lui, qu'il était l'homme selon le cœur de Dieu.

Vous ne devez jamais être ***fatigué de fatiguer*** le Seigneur et vos prières remporteront des victoires avec la justice comme cette veuve. Vous ne le savez peut-être pas, mais ***il se trouve qu'un seul exaucement à vos prières peut valoir dix ou plusieurs victoires pour le futur***. David avait tout juste tué Goliath, mais les femmes, ravies de la mort du géant philistin, scandèrent qu'il avait tué dix mille soldats ennemis, « *Les femmes qui chantaient se répondaient les unes aux autres, et disaient: Saül a frappé ses mille et David ses dix mille* » **(1 Samuel 18:7).** Le Seigneur Jésus, avec ses pleurs et ses cris, remporta la victoire sur le Diable et sur toutes les forces des ténèbres, pas pour une nuit seulement, mais pour toute l'éternité en vue de gagner toute l'humanité. C'est pourquoi, je vous exhorte à prier et à toujours prier tout en vous rappelant que le Seigneur est toujours là, pour vous écouter et vous faire grâce. Il est possible que son temps ne soit pas forcément votre temps, mais il est toujours disponible pour répondre aux prières.

« *Il leur dit encore: si l'un de vous a un ami, et qu'il aille le trouver au milieu de la nuit pour lui dire: Ami, prête-moi trois pains, car un de mes amis est arrivé de voyage chez moi, et je n'ai rien à lui offrir, et si, de l'intérieur de sa maison, cet ami lui répond: Ne m'importune pas, la porte est déjà fermée, mes enfants et moi sommes au lit, je ne puis me lever pour te donner des pains. Je vous le dis, même s'il ne se levait pas pour les lui donner, parce que c'est son ami, il se lèverait à cause de son importunité, et lui donnerait tout ce dont il a besoin* » **(Luc 11: 5-8).**

Il se lèverait à cause de son importunité!

Ceci, c'est de la ferveur, c'est de l'intensité dans la demande ou dans la prière. Vous faites votre demande à Dieu au Nom de Jésus et vous y mettez de l'intensité, de la puissance. Je peux essayer de remplacer une ferveur, par une forte intensité dans l'écrit de l'Apôtre Jacques. Cela donnerait ceci: « *la prière d'une forte intensité du juste, à une grande efficacité* ». Ce sont des prières qui viendront déchirer votre cœur; vous serez comme perdu sans l'intervention de Dieu. Mais surtout, parce que vous lui faites assez confiance, vous reviendrez toujours dans sa sainte présence avec de grands gémissements en attendant de sortir de là avec l'exaucement.

« *Quand les justes crient, l'Éternel entend, et il les délivre de toutes leurs détresses; L'Éternel est près de ceux qui ont le cœur brisé et il sauve ceux qui ont l'esprit dans l'abattement* » **(Psaumes 34:17-18)**.

Nous adorons un Dieu qui est bon, rempli d'amour intarissable pour nous. Lequel amour, l'a poussé à ne pas nous refuser son fils unique en le livrant à la croix pour qu'à tout moment, par ce même fils, nous nous approchions de lui. Ainsi, de la même façon, cet ami réveilla son autre ami dans la nuit, vous pouvez et vous devez en faire autant avec Dieu, le miséricordieux, qui est prêt à agir pour votre bien, au-delà de toutes vos prières et supplications. Vous ne devez absolument pas craindre, à aucun moment, d'importuner aussi le Tout-Puissant, qui est votre Dieu.

« Lui, qui n'a point épargné son propre Fils, mais qui l'a livré pour nous tous, comment ne nous donnera-t-il pas aussi toutes choses avec lui? » **(Romains 8:32)**.

Avec assurance, je sais qu'il y a des personnes qui ont élevé la voix; des personnes qui ont été établies comme des sentinelles pour prier jusqu'à ce que le royaume des cieux avance jusqu'à ce jour; des personnes qui dans la prière, ont levé les mains pour renverser des murailles et des forteresses sur cette terre des hommes; des personnes qui ont décidé de ne cesser de prier jusqu'à ce qu'il y ait des changements et elles y sont parvenues. Aujourd'hui encore, je suis plus que certain que des hommes, des femmes et des jeunes gens, relèveront de nouveaux grands défis pour l'avancement du royaume. Et vous devez en faire partie. Ces personnes insisteront dans la prière afin que la volonté de Dieu continue de se faire sur la terre. Je voudrais bien, terminer ce chapitre avec cette autre histoire merveilleuse, *la toiture enlevée.*

La toiture enlevée

« Des *gens vinrent à lui, amenant un paralytique porté par quatre hommes. Comme ils ne pouvaient l'aborder, à cause de la foule, ils découvrirent le toit de la maison où il était, et ils descendirent par cette ouverture le lit sur lequel le paralytique était couché. Jésus, voyant leur foi, dit au paralytique : mon enfant, tes péchés sont pardonnés.* » **(Marc 2 : 3-5).**

Ils ouvrirent le toit de cette maison! Quelle foi, quelle confiance sans pareille en Dieu et quelle insistance! Ils auraient pu se décourager et se retourner avec leur malade; ils auraient aussi pu laisser les choses telles qu'elles étaient et attendre peut-être à la fin du ministère pour avoir l'occasion d'approcher Jésus. Mais non, ils ne firent rien de tout cela. Ils décidèrent de se frayer un chemin par le toit de la maison. Ils insistèrent, ils voulurent à tout prix voir le Seigneur. Ils furent certains que dans la présence de Jésus, un miracle pouvait se produire.

Quand la Bible dit que le succès sera la réponse aux résolutions fermes, nous pouvons ainsi le constater avec le caractère pertinent et insistant de ces quatre magnifiques hommes. L'Éternel, connaissant d'avance l'intention de ces quatre hommes, avait déjà préparé le miracle. Mais avant, ces braves hommes animés d'une foi opiniâtre et très insistants, devaient faire leur part, c'est à dire ***réussir à pousser leur malade dans la présence de Dieu***. Enlever la toiture de cette maison pour y faire passer leur malade, quelle inspiration, quelle audace, quelle ferveur! Ils n'avaient pas le temps de penser à ce que le propriétaire de la maison dirait ou ferait, s'il voyait sa maison dans cet état. L'intérêt pour la guérison de leur homme, avait pris le dessus sur toutes les considérations éventuelles ce jour-là. *Voyez-vous ce que la ferveur peut-elle créer ? Jusqu'où la ferveur peut-elle vous conduire?*

Quant au malade en particulier, il pouvait demander à ces quatre hommes de se retourner et de tout abandonner pour rentrer à la maison. Mais lui non plus, ne fit rien. Que j'aime ce genre de ferveur qui donne toute la gloire à Dieu! Une fois que le paralytique fut installé à l'intérieur de la maison, le Seigneur ne se plaignit guère de ces quatre hommes vaillants et tenaces qui venaient d'enlever la toiture d'une maison. Mieux, le malade reçut du Seigneur plus que ce qu'il était venu chercher! *« Jésus, voyant leur foi, dit au paralytique : mon enfant, tes péchés sont pardonnés »*. Lequel, parmi vous, choisirait la guérison de son corps physique en lieu et place du pardon de ses péchés. C'était énorme et tout simplement merveilleux! Il était venu avec l'aide de ces quatre hommes pour une guérison, mais il ressortait de cette maison, avec le pardon absolu de tous ses péchés en sus. Alléluia, quelle finalité!

Avec la ferveur, vous priez pour une chose, mais le Seigneur vous en donne plus. Dites amen! Et ceci, ce fut grâce au courage et à l'insistance de ces quatre hommes. Ils avaient refusé de rentrer chez eux avec le malade, ils insistèrent et furent très créatifs en ouvrant la toiture. Je ne sais pas à quel niveau vous êtes rendu dans votre vie de prière, mais je crois que vous devez bâtir ou rebâtir votre autel de prière et le chauffer hautement. Et ce, de façon quotidienne, car il y a une avalanche d'exaucements qui sont en cours. Bientôt, vous pourrez contempler les bienfaits de l'Éternel et vous pourrez dire avec Job, *« mes oreilles avaient entendu parler de toi, mais maintenant mes yeux t'ont vu »* **(Job 42: 5).**

Chapitre 5

La femme Syro Phénicienne

Et voici, une femme cananéenne, qui venait de ces contrées, lui cria: aie pitié de moi, Seigneur, Fils de David! Ma fille est cruellement tourmentée par le démon. Il ne lui répondit pas un mot, et ses disciples s'approchèrent, et lui dirent avec insistance: renvoie-la, car elle crie derrière nous. Il répondit: je n'ai été envoyé qu'aux brebis perdues de la maison d'Israël...Et, à l'heure même, sa fille fut guérie **(Matthieu 15:22-28).**

Tout comme l'aveugle Bartimée, cette femme grecque avait également entendu parler du Seigneur avec tous ses bienfaits et les miracles opérés. Elle était païenne, mais elle avait reconnu Jésus-Christ, le fils de David, comme Seigneur. Elle pouvait donc crier: aie pitié de moi, Seigneur, fils de David! Que fit le Seigneur?

— **Premièrement,** Jésus ne fit rien du tout. Il ne lui répondit pas un mot. Cela devait être très désagréable et humiliant pour cette femme qui avait osé faire fi de sa position de Cananéenne pour être dans la présence du maître.

— **Deuxièmement**, elle fut confrontée à une farouche résistance des disciples. Les disciples s'approchèrent et dirent avec *insistance* à Jésus*: « renvoie-la, car elle crie après nous »*. Elle était une gêne pour l'entourage de christ. Mais remplie de désespoir, au lieu de parler, elle criait à tel point que sa voix dérangeait tout le monde. Cette femme cananéenne avait bien compris un mystère concernant la prière: *le CRI. L'Éternel entend les cris.*

« Quand les justes crient, l'Éternel entend, et il les délivre de toutes leurs détresses » **(Psaumes 34:17)***;*

« Et Dieu ne fera-t-il pas justice à ses élus, qui crient à lui jour et nuit, et tardera-t-il à leur égard? Je vous le dis, il leur fera promptement justice » **(Luc 18 :7-8a).**

Non seulement, elle était une païenne, mais plus, elle était gênante. Les disciples étaient donc dans leur droit de la chasser. Souvent, vous vous trouvez dans des situations où tous les éléments sont contre vous et vous commencez à réaliser que c'est de cette façon, que les choses devraient être.

— **Troisièmement,** à ce moment, le Seigneur trouvait que ses disciples avaient raison. *Il répondit: « je n'ai été envoyé qu'aux brebis perdues de la maison d'Israël ».* Lorsque le Seigneur Jésus, étant celui qui doit vous apporter le salut, la délivrance et la guérison, vous dit de manière claire et profonde, qu'il ne veut rien faire pour vous, c'est une raison de plus pour déprimer et se décourager.

Cette femme païenne devait se retourner et quitter les lieux avec une grande honte. À ce stade, je voudrais vous demander de bien vouloir fermer légèrement les yeux un instant et de revoir cette scène qui se déroulait, entre le Seigneur avec ses disciples d'un côté et la femme païenne de l'autre côté. Désespérée de la possession démoniaque de son enfant, elle criait et suppliait le Seigneur, tandis que ses disciples tentaient de la chasser. Toute déterminée, elle refusa de lâcher prise.

— **Quatrièmement,** contre toute attente, elle se jeta aux pieds du Seigneur, se prosternant devant lui et disant : ***Seigneur, secours-moi!*** Les disciples n'avaient pas anticipé cette réaction. Contre l'insistance du Seigneur et de ses disciples, cette femme avait osé insister aussi. C'était de l'insistance contre l'insistance. Elle avait montré qu'elle n'était pas prête à abandonner tout aussi facilement. Elle s'était déjà rendue trop loin en prouvant qu'elle était pleine de ferveur pour la demande de délivrance à l'endroit de sa fille.

Vous devez être du rang des personnes qui sont inspirées et prêtes à passer outre les barrières. Vous devez souvent refuser d'avoir honte et de porter le manteau de la honte. Qu'est-ce que le ciel et la terre retiendront de vous, de votre passage sur la terre? Juste une personne qui fléchit et qui abandonne aussi facilement? Cette femme avait surpris tout le monde grâce à l'intensité de sa demande. Au lieu de rebrousser chemin, *elle venait de percer le mystère et commençait à l'adorer*. Elle avait compris que Jésus est le Sauveur et Seigneur que Dieu a donné à toute l'humanité. Après son adoration, elle plaça encore sa demande, « *Seigneur, secours-moi !* ».

— **Cinquièmement,** le Seigneur Jésus persistait tout en précisant: ***« Laisse d'abord les enfants se rassasier; car il n'est pas bien de prendre le pain des enfants et de le jeter aux petits chiens ».***

Dès cet instant, le Seigneur Jésus avait fini de parler. Les dés étaient déjà joués, tout était dit. Il avait donné ici, la première raison de sa venue ici-bas. Il était là, pour les enfants de la maison d'Israël, l'élu. Le salut et la délivrance pour la maison d'Israël passaient avant tout!

Nous acceptons souvent des verdicts ou des situations comme étant la volonté de Dieu. Nous restons passifs et attendons le jour où les choses changeront pour nous ou tout autour de nous, parce que tout simplement, c'est la volonté de Dieu. Loin de moi l'idée d'amener les personnes à combattre la volonté de Dieu. Il ne s'agit pas d'un combat en tant que tel. Mais bien au contraire, d'obéir à sa parole qui nous demande de persévérer dans la prière parce qu'il sait très bien, que plusieurs n'arriveront pas à tenir le rythme.

— **Sixièmement,** la femme Grecque insistait encore plus! Seigneur, dit-elle, ***« mais les petits chiens mangent les miettes***

qui tombent de la table de leurs maîtres ». Quelle femme! Quelle perspicacité! Quelle révélation pertinente! Je ne veux pas manquer de vous dire ceci: sachant que cette femme était païenne, vivant sur un territoire païen, cette merveilleuse femme avait son cœur qui appartenait déjà au Seigneur. Elle venait de se convertir. Car en réalité, personne ne peut avoir une révélation d'une telle envergure et demeurer pareil. Ce n'est pas possible! Cette femme avait perçu le mystère de tous les temps. Jusqu'à ce moment précis, personne n'avait encore reçu, la révélation concernant Jésus. La révélation de Pierre sur Jésus, qui est le messie selon Mathieu, vient après cet évènement.

Son insistance venait de la faire percer le mystère au sujet de Jésus, **qu'il est le pain de Dieu descendu du ciel.**

« Je suis le pain de vie. Vos pères ont mangé la manne dans le désert, et ils sont morts. C'est ici le pain qui descend du ciel, afin que celui qui en mange ne meure point. Je suis le pain vivant qui est descendu du ciel. Si quelqu'un mange de ce pain, il vivra éternellement » **(Jean 6 :48-51a).**

Selon le plan de Dieu, ce pain devrait être à la portée de tous. Désormais, il n'y a plus ni juif ni grec, nous sommes tous nourris à la manne du ciel pour la vie éternelle. Jésus avait vu la pertinence de sa révélation et jusqu'où l'intensité de sa demande l'avait conduite. Cette femme était à un autre niveau de spiritualité. Vous devez arrêter d'être simplement des chrétiens ordinaires avec des prières ordinaires et très faibles.

L'attitude avec laquelle vous entrez dans la présence de Dieu doit vous permettre de recevoir de Dieu de grandes choses. Cette femme avait bien compris que sa fille, n'avait même pas besoin du pain pour être libérée. *Mais plutôt, des miettes de pain! Juste quelque poudre de pain suffirait pour sa fille, du moment que cette poudre de pain, provient du pain qui donne la vie.* **Alléluia !**

— **Septièmement**, ***le miracle est là!*** L'insistance de sa demande et la grandeur de son esprit avaient finalement et extraordinairement été payées. En clair, l'apôtre Jacques a bel et bien raison, « *...La prière fervente du juste a une grande efficacité* » **(Jacques 5:16).**

Le Seigneur Jésus n'était pas du tout en colère contre cette femme grecque, d'origine syro-phénicienne. Bien au contraire, il avait été fasciné par son adoration, par la hauteur et la qualité de son esprit même étant païenne d'origine. Au cours de son ministère, Jésus a fait la rencontre de plusieurs genres de personnes. Certains avaient besoin de salut, de guérison et d'autres recherchaient la délivrance. Il avait dit à certains, *« ta foi t'a guéri » ; « ta foi t'a sauvé » ; « sois pure »* et à d'autres , *« lève-toi, prend ton lit et marche »*, etc. Mais exceptionnellement, à cette femme, il avait dit précisément: ***« ta foi est grande! ».***

« Jésus lui dit : Femme, ta foi est grande ; qu'il te soit fait comme tu veux. Et, à l'heure même, sa fille fut guérie » **(Matthieu 15: 28).**

En vérité, la nature de votre demande ou de votre adoration est le reflet de votre foi. Vous vous approchez du Seigneur, de la façon vous croyez en lui. Cette femme refusa les sentiments qu'avaient les disciples la concernant; elle ne pouvait pas accepter de rencontrer Jésus et de quitter sa présence sans recevoir son exaucement. L'intérêt qu'elle portait à la délivrance de son enfant était de loin plus fort et plus intense, que la honte qu'elle pouvait avoir face aux disciples de Jésus. Son cœur pouvait gémir en ces termes, « *Seigneur, bénis-moi, guéris ma fille avant que je m'en aille* ».

À l'instar de cette femme, votre adoration, vos prières ou vos différentes requêtes doivent être capables de déchirer les cieux et de hâter votre exaucement. Les choses vont peut-être tarder, mais vous gagnerez certainement la bataille spirituelle qui influencera le physique.

Chapitre 6

Il faut jeûner

Je voudrais fortement à ce stade, encourager toutes les personnes qui ont vraiment des problèmes de santé à consulter un médecin professionnel avant de jeûner. *« Lorsque vous jeûnez, ne prenez pas un air triste, comme les hypocrites, qui se rendent le visage tout défait, pour montrer aux hommes qu'ils jeûnent. Je vous le dis en vérité, ils reçoivent leur récompense. Mais quand tu jeûnes, parfumes ta tête et laves ton visage, afin de ne pas montrer aux hommes que tu jeûnes, mais à ton Père qui est là dans le lieu secret; et ton Père, qui voit dans le secret, te le rendra. »* **(Mathieu 6:16-18)**.

J'ai eu plusieurs occasions d'entendre des sermons et enseignements au sujet du jeûne et à mon sens, j'ai trouvé qu'il y a beaucoup d'incohérences et des non-dits quant à la pratique du jeûne de nos jours. Pour certains, le jeûne n'a plus sa raison d'être et pour d'autres, c'est juste une formalité dans la marche chrétienne. D'autres affirment que le jeûne est fait seulement quand le péché est commis tandis que certains vont jusqu'à affirmer que le jeûne est facultatif.

J'aimerais tout de suite vous le dire: vous avez besoin de jeûner; vous devez être prêt à jeûner; il est important de jeûner et cela devrait faire partie de votre style de vie chrétienne. Selon le dictionnaire biblique Unger, le jeûne étymologiquement en Hébreux, « Tsuwm », veut dire « couvrir » la bouche, ou du mot grec « funeste », qui signifie « s'abstenir ».

Dans un contexte spirituel comme c'est le cas ici, cela signifie s'abstenir de manger et de boire. Mais encore plus, s'abstenir de manger pour des raisons spirituelles. Ce qui est bien différent du fait d'avoir faim. Nous avons souvent faim soit parce que nous n'avons rien à manger, soit parce que nous refusons simplement de nous nourrir pour une raison quelconque. Lorsque nous ne trouvons rien à manger, nous ne pouvons pas et ne devons pas profiter de cette absence de nourriture pour jeûner, car le jeûne est avant tout pour des questions d'ordre religieux et spirituel.

Jésus dit « *quand vous jeûnez ou lorsque vous jeûnez* ». Il savait qu'avant sa venue sur la terre, le peuple juif avait l'habitude de pratiquer le jeûne. Le jeûne, pour le juif, fait partie des traditions que le peuple se devait de pratiquer par moment.

Jésus donnait à ses disciples et à tous ceux qui l'écoutaient, la bonne indication quant à la pratique du jeûne. La même instruction avait été donnée à l'égard de la prière. Pour Jésus donc, le jeûne et la prière sont au même niveau de considération. De la même manière, vous considérez la prière, le jeûne aussi devrait être considéré. C'est donc bien dommage pour de nombreuses personnes d'aimer la prière au profit du jeûne. J'ai été témoin des bienfaits du Seigneur dans la vie des croyants qui ont bien voulu introduire la pratique du jeûne, dans leur adoration ou dans leur vie de prière. Ce furent des avalanches de bons et puissants témoignages. Ces personnes ont fait l'expérience de la puissance du bras du Seigneur sur leurs vies et dans leurs vies. De plus, j'ai moi-même été impacté par le jeûne au point que je suis prêt à vous en parler avec raison et avec l'Esprit tout en me référant à la bible, la parole vivante de Dieu. J'ai fini par comprendre que le croyant a besoin de saisir l'importance et la profondeur du jeûne ainsi que de ses bienfaits, afin qu'il puisse le pratiquer avec conviction. En réalité, quand le jeûne est fait comme il faut, Dieu, notre père, nous donne une récompense. En clair, ce pour quoi vous jeûnez, vous sera accordé, ***« et ton Père, qui voit dans le secret, te le rendra »***. Oui, c'est dit; il vous le rendra; il vous récompensera.

Il est important que vous vous fassiez à l'idée qu'en faisant le jeûne, Dieu peut vous accorder l'exaucement. Le jeûne est un moyen sûr pour que Dieu se penche sur votre situation ou qu'il prête une oreille favorable concernant le sujet, qui vous tient à cœur. Le peuple juif en avait l'habitude, mais Jésus voulait simplement leur inculquer la bonne façon de le faire en vue d'une efficacité. À l'instar des personnes de foi telles que Moïse, Élie, Daniel, Esther et Paul, vous pouvez vous rapprocher de Dieu par le jeûne et expérimenter toute l'étendue de son amour. *« Approchez-vous de Dieu et il s'approchera de vous. Nettoyer vos mains, pécheurs: purifiez vos cœurs, hommes irrésolus »* **(Jacques 4: 8).** Les disciples de Jésus ne jeûnaient pas et sachant qu'ils devront le faire après son départ, parce que jugé nécessaire,

Jésus se devait de leur enseigner la bonne manière de le faire afin de profiter de tous ses avantages.

A- Le jeûne vous amène à l'humilité.

Quand vous jeûnez, vous montrez au Seigneur que vous êtes petit, vous êtes sa créature et que vous avez éperdument besoin de lui dans votre vie. L'état d'esprit dans lequel vous êtes, lorsque vous faites un jeûne, doit être l'humilité absolue et rien d'autre. Aucun autre esprit ne doit vous animer lorsque vous êtes dans le jeûne. L'humilité doit vous caractériser quand vous décidez de commencer un moment de jeûne, car dans la présence de Dieu, tout doit s'agenouiller.

Nous savons tous que le contraire de l'humilité, c'est l'orgueil. La première rébellion est arrivée par l'orgueil dans le ciel et elle s'est mal terminée pour Lucifer et les anges rebelles, qui furent tous précipités des cieux par le groupe de l'archange Michael. « Et il y eu guerre dans le ciel. Michel et ses anges combattirent contre le dragon. *Et le dragon et ses anges combattirent, mais ils ne furent pas les plus forts, et leur place ne fut plus trouvée dans le ciel. Il fut précipité, le grand dragon, le serpent ancien, appelé le diable et Satan, celui qui séduit toute la terre, il fut précipité sur la terre, et ses anges furent précipités avec lui. »* **(Apocalypse 12: 7-9).**

Il est important que vous soyez totalement humble quand vous entrez dans sa sainte présence. Votre âme doit être répandue devant le trône de grâce en toute humilité, le trône duquel, découlent un amour profond sans limite et une bonté inépuisable, *« Les bontés de l'Éternel ne sont pas épuisées, ses compassions ne sont pas à leur terme; elles se renouvellent chaque matin. Oh! que ta fidélité est grande! »* **(Lamentation 3: 22-23)**. Vous pouvez à chaque moment, bénéficier de cette bonté si seulement, vous êtes capable d'être tout petit devant lui. Notre Dieu résiste aux orgueilleux, mais la bible dit très clairement qu'il fait grâce aux humbles, « *Il accorde, au contraire, une grâce plus excellente; c'est pourquoi l'Écriture dit: Dieu résiste aux l'orgueilleux, mais il fait grâce aux humbles* » **(Jacques 4:6)**.

Peu importe le sujet ou la situation qui vous pousse devant lui, vous devez être totalement libéré de l'orgueil. Vous devez vous humilier et vous devez le faire par vous-mêmes. La responsabilité vous incombe. Vous devez être capable de vous rabaisser en toute sincérité devant le roi des rois, « Car *quiconque s'élève sera abaissé, et quiconque s'abaisse sera élevé* » **(Luc 14:11)**. Humiliez votre âme et ouvrez votre cœur devant lui.

David a dit: « *Et moi, quand ils étaient malades, je revêtais un sac, j'humiliais mon âme par le jeûne, je priais, la tête penchée sur mon sein.* » **(Psaumes 35 : 13)**.

Toutes les fois que vous voulez entreprendre un jeûne, qu'il soit personnel ou communautaire, vous devez saisir l'occasion de vous ouvrir comme un livre ouvert dont les pages sont sur le point d'être tournées les unes après les autres. Votre âme est donc la seule qui s'affirme et qui décide d'obéir à Dieu ou pas. C'est elle qui se soumet ou non, à la puissante main de Dieu. Et cet exercice vous revient. À tous égards, elle doit accepter la volonté parfaite de Dieu. Et c'est là, tout le problème.

Il est important que vous la rabaissiez. Dans le service de Dieu, j'ai plusieurs fois entendu certains croyants prier et demander à Dieu de les amener à l'humilité vis-à-vis de lui. C'est une belle prière. Mais selon la Bible, il vous revient à vous de réussir cet exercice spirituel. Pierre l'a si bien dit: « <u>Humiliez-vous</u> *donc sous la puissante main de Dieu, afin qu'il vous élève au temps convenable* » **(1 Pierre 5: 6)**; l'apôtre Pierre ne disait pas que Dieu vous humilie, mais plutôt *humiliez-vous !* C'est de votre responsabilité de travailler à vous humilier.

L'élévation est inévitablement une réponse au jeûne ou à l'humilité au travers du jeûne. Après un temps de jeûne bien fait, la réponse est là. L'Éternel baisse son bras après un véritable et sincère moment d'humilité. L'Éternel ne peut en aucun cas fermer les yeux sur l'humilité. Veuillez donc comprendre que la balle est dans votre camp. Êtes-vous entièrement humble? N'est-ce pas de la fausse humilité que vous pratiquez? L'Éternel sait toute chose.

Vous ne devez pas prendre des moments de jeûne pour faire des statistiques ou montrer que vous êtes capable de réussir un quelconque jeûne. C'est ce que faisaient les pharisiens pleins d'hypocrisie. Votre esprit et votre pensée doivent être purs. Dans le cas contraire, vous vous éloignez encore plus du Seigneur et vous vous privez de nourriture pour rien et sans résultat. La concurrence ne devrait même pas exister pour ces grands rendez-vous. Il est vrai que jeûner est bien un grand rendez-vous dans le saint des saints, mais l'accès n'est pas pour les orgueilleux. Vous ne devez pas oublier de régler ce trait de caractère qui est malsain dans votre vie et dans votre adoration. Il est plus que jamais impératif de vous occuper de cela et de laisser Dieu aller en eau profonde avec vous. Vous ne devez et ne pouvez pas vous priver de nourritures pendant des heures ou des jours pour zéro résultat. Comprenez ce qui suit maintenant: ***si vous ne vous humiliez pas vous-même, Dieu se fera le plaisir de le faire pour vous. Et croyez-moi, quand il s'y met, cela fait très mal, quoi que ce soit pour votre bien.***

Nous pouvons observer comment notre Dieu traita Nebukanetsar. Nebukanetsar, fut le grand roi de l'antique Babylone qui se frappait la poitrine et se targuait d'être le seul puissant dieu sur la terre. L'Éternel, le Dieu du ciel et de la terre, le rabaissa au point de transformer une partie de son corps en un animal broutant l'herbe de la terre pendant sept bonnes années, *« Au même instant la parole s'accomplit sur Nebucadnetsar. Il fut chassé du milieu des hommes, il mangea de l'herbe comme les bœufs, son corps fut trempé de la rosée du ciel; jusqu'à ce que ses cheveux crussent comme les plumes des aigles, et ses ongles comme ceux des oiseaux »* **(Daniel 4:33).** Dieu a en horreur l'orgueil! Soit vous vous humiliez vous-même, soit vous laissez Dieu vous rendre humble. Mais sachez-le, si le Seigneur a un projet important avec vous et que vous refusez de vous humilier, il s'en chargera.

Cependant, si vous le faites vous-même maintenant, il ne vous brisera plus, afin que vous voyiez sa gloire, « *Il ne brisera point le roseau cassé, et il n'éteindra point le lumignon qui fume, jusqu'à ce qu'il ait fait triompher la justice*» **(Mathieu 12: 20).**

De nos jours, l'ignorance ou la méconnaissance des saintes Écritures est tellement présente, que nous rencontrons des personnes qui entreprennent des moments de jeûne sans même savoir comment procéder et tombent dans le péché bien qu'elles soient dans le jeûne. Ce n'est vraiment pas du tout aisé de faire des heures ou des jours sans manger. Pour cela donc, vous devez vous assurer d'avoir tout considéré afin de réellement tirer un profit de ces moments d'affliction. C'est réellement un véritable combat lorsque vous devez jeûner. Vous voulez tirer votre âme en dessous dans la présence de Dieu, mais elle refuse et votre chair aussi. Votre chair s'y oppose très farouchement. Elle est habituée à s'embellir, à se nourrir et elle y veillera jusqu'à ce qu'elle prenne le dessus sur vous et votre esprit. Vous devez rester constamment en éveil et surtout, ne pas lui obéir. Vous devez absolument humilier votre âme. Auparavant, c'était avec les sacs et les cendres que nos pères entraient dans les moments de jeûne. Mais aujourd'hui, nous n'avons plus besoin de tous ces artifices. Nous avons plutôt, besoin d'un lieu secret dans l'humilité pour nous présenter devant le Seigneur.

Lorsque vous faites un jeûne spirituel, le ciel en est témoin, votre propre chair et les mauvais esprits aussi en sont témoins. Les deux entités dernièrement citées, mettront tout en œuvre pour que vous ne commenciez pas ou que vous ne terminiez pas correctement ce jeûne dans la victoire. C'est pourquoi vous devez rester ferme et inébranlable. Vous ne devez pas fléchir. Il est important de ne pas céder à la chair et à force de résister, vous y parviendrez. Si vous prêtez attention à toutes ces oppositions, vous ne jeûnerez jamais. Les forces essaieront toujours de vous empêcher de vous approcher du Seigneur par le jeûne. *« Alors les disciples de Jean vinrent auprès de Jésus, et dirent: pourquoi nous et les pharisiens jeûnons-nous, tandis que tes disciples ne jeûnent point? Jésus leur répondit: les amis de l'époux peuvent-ils s'affliger pendant que l'époux est avec eux? Les jours viendront où l'époux leur sera enlevé, et alors ils jeûneront. »* **(Mathieu 9:14-15).** Le Seigneur Jésus était très clair. Ces disciples ne pouvaient pas jeûner en s'affligeant, car il était lui-même présent avec eux. Pourquoi chercheraient-ils à l'approcher ou à être dans sa présence étant donné qu'il était déjà là avec eux? Toutefois, quand il ne sera plus présent, ils pourront le faire. Si le Seigneur a fait mention de la pratique du jeûne, cela veut dire que le jeûne est important et encore d'actualité.

En clair, nous jeûnons pour nous approcher du Seigneur et pour être dans sa présence en toute humilité. C'est pourquoi, vous ne devez en aucun cas, laisser les forces d'en haut et d'en bas vous en empêcher, « *Approchons-nous donc avec assurance du trône de la grâce, afin d'obtenir miséricorde et de trouver grâce, pour être secourus dans nos besoins* » **(hébreux 4: 16).**

B -Avec le jeûne, entendez la voix de l'Éternel

Avec le jeûne, vous pouvez entendre clairement la voix de Dieu, « *Il y avait dans l'Église d'Antioche des prophètes et des docteurs: Barnabas, Siméon appelé Niger, Lucius de Cyrène, Manahen, qui avait été élevé avec Hérode le tétrarque, et Saul. Pendant qu'ils servaient le Seigneur dans leur ministère et qu'ils jeûnaient, le Saint-Esprit dit: mettez-moi à part Barnabas et Saul pour l'œuvre à laquelle je les ai appelés* » **(Actes 13: 1-2).** Ils n'avaient pas prévu mettre à part Barnabas et Saul. Dans l'exercice de leur ministère, ils avaient pris un moment de jeûne. Ils avaient probablement besoin de plus d'orientation et de force pour continuer le ministère. L'Évangile devait être propagé et il fallait une réponse efficace dans leur ministère. L'importance de cette mission les a poussés à se mettre à part dans un moment de jeûne. Et le Saint-Esprit parla! Lorsque vous jeûnez, vous vous retirez de toute distraction ou de tout élément inutile qui pourrait corrompre votre concentration et la qualité de votre moment.

Leur préoccupation les poussa à se priver de nourriture. En le faisant, ils faisaient taire leur chair; l'homme intérieur était diminué et leurs esprits devenus un seul, pouvait s'élever tout au-dessus, pour être en communion avec le Saint-Esprit. Le Saint-Esprit ne se fit pas trop désirer et il n'avait donc pas d'autre choix que de leur parler. Et Jésus dit: « *et ton Père, qui voit dans le secret, te le rendra* ». Après son départ, voici que ses disciples étaient là à chercher sa face en jeûnant. Pour des situations ou des sujets qui vous tiennent vraiment à cœur, vous pouvez chercher la face de Dieu en vue d'une parole précise. « *Après cela, les fils de Moab et les fils d'Ammon, et avec eux des Maonites, marchèrent contre Josaphat pour lui faire la guerre.*

On vint en informer Josaphat, en disant: une multitude nombreuse s'avance contre toi depuis l'autre côté de la mer, depuis la Syrie, et ils sont à Hatsatson Thamar, qui est en Guédi. Dans sa frayeur, Josaphat se disposa à chercher l'Éternel, et il publia un jeûne pour tout Juda » **(2 chroniques 20:1-3)**.

Trois peuples s'avançaient contre Juda. Le roi Josaphat, au lieu de capituler et de se rendre, fit le choix de rassembler tout le peuple aux pieds de l'Éternel pour l'invoquer. Quelle confiance en Dieu! Existe-t-il encore des personnes qui font confiance à Dieu? Le peuple, comme un seul homme avec une seule âme, invoqua l'Éternel, le seul qui puisse le délivrer **en jeûnant**. Et comme Jésus l'a bien dit, *« et ton Père, qui voit dans la profondeur du cœur, te le rendra »*. L'Éternel ne se fit pas attendre.

« Alors l'esprit de l'Éternel saisit au milieu de l'assemblée Jachaziel, fils de Zacharie, fils de Benaja, fils de Jeïel, fils de Matthania, Lévite, d'entre les fils d'Asaph. Et Jachaziel dit: Soyez attentifs, tout Juda et habitants de Jérusalem, et toi, roi Josaphat! Ainsi vous parle l'Éternel: ne craignez point et ne vous effrayez point devant cette multitude nombreuse, car ce ne sera

pas vous qui combattrez, ce sera Dieu. Demain, descendez contre eux ; ils vont monter par la colline de Tsits, et vous les trouverez à l'extrémité de la vallée, en face du désert de Jeruel. Vous n'aurez point à combattre en cette affaire… » **(2 Chroniques 20: 14-17).**

Gloire à Dieu, l'Éternel parle! Il peut aussi vous parler si seulement vous pouvez aller à sa rencontre dans le jeûne. Le jeûne, vous ouvre l'esprit et vous prépare à recevoir de lui sans obstacle si vous êtes vraiment sincère et profond dans sa présence. Mieux, l'Éternel donna des précisions: *« ils vont monter par la colline de Tsits, et vous les trouverez à l'extrémité de la vallée, en face du désert de Jeruel »* . Voulez-vous vraiment une parole précise et claire pour vous, concernant une situation? N'hésitez pas à entrer dans un moment de jeûne selon ce que vous pouvez faire et selon ce que l'esprit vous dira.

L'apôtre Paul devait se rendre à Rome et avec lui, se trouvaient quelques prisonniers. Cette traversée, à bord d'un navire, ne s'est pas faite de tout repos. D'escale en escale, le navire s'est échoué sans perdre de vies humaines, comme Dieu l'avait annoncé à son serviteur Paul. L'apôtre Paul venait de faire un jeûne, mais il ne pouvait pas le rompre à cause de ce qu'il était en pleine traversée. « *Un temps assez long s'était écoulé, et la navigation devenait dangereuse, car l'époque même du jeûne était déjà passée* » **(Actes 27: 9).** C'est dans cette période de jeûne et affamé sans nourriture, que Dieu s'est révélé à son serviteur. « *Un ange du Dieu à qui j'appartiens et que je sers m'est apparu cette nuit et m'a dit: Paul, ne crains point; il faut que tu comparaisses devant César, et voici, Dieu t'a donné tous ceux qui naviguent avec toi* » **(Actes 27: 23-24).** Oui, Dieu peut aussi vous parler!

Les apôtres du Seigneur, à l'instar de l'apôtre Paul, ne s'empêchaient pas de toujours pratiquer le jeûne, même dans les situations difficiles. Dieu se chargeait de leur envoyer des messagers, ses anges en réponse à leurs prières ou pour leur donner des révélations sur certains évènements de façon précise.

C - Le jeûne et le jugement de Dieu

Avec le jeûne, vous pouvez aussi être épargné du jugement de Dieu. Selon les saintes Écritures, le roi Achab, mari de Jézabel, fut le roi le plus mauvais de tous les rois d'Israël à cette époque. Dieu, par le prophète Élie, décida de faire venir le malheur sur Achab, sur toute sa famille et même sur tout ce qui lui appartenait, « *Je vais faire venir le malheur sur toi. Je vais te balayer, je vais exterminer tout homme qui appartient à Achab, qu'il soit esclave ou libre en Israël. Je vais rendre ta famille pareille à celle de Jéroboam, fils de Nebath, et à celle de Baesha, fils d'Achija, parce que tu m'as irrité et que tu as fait pécher Israël* » **(1 Rois 21: 21-22).**

L'Éternel voulait traiter durement le roi Achab, comme il le fit contre Jéroboam. Achab connaissait les écrits et avait une très bonne connaissance de la fin de Jéroboam. Il ne voulait pas voir la manifestation de la colère de Dieu contre sa vie et décida de s'humilier par le jeûne. Il entra au plus profond de lui pour invoquer l'Éternel.

Très souvent, nous avons dans notre esprit concernant le Seigneur, l'image d'un Dieu qui est là-haut, assis sur son grand trône blanc et toujours prêt, à nous taper dessus lorsque nous ne faisons pas les choses correctement. Ou bien, c'est l'image d'un Dieu qui s'attend à ce que nous lui désobéissions, afin de manifester contre nous toute sa colère. Cette image n'est pas correcte et elle est totalement erronée. Car nous pouvons trouver assez de miséricorde auprès du trône de la grâce. Cette image que nous avons du Seigneur, nous pousse à fuir très loin de sa face. Plutôt que de s'enorgueillir, Achab, le mauvais roi, décida de jeûner pour toucher le cœur de Dieu, *« après avoir entendu les paroles d'Élie, Achab déchira ses habits, se couvrit d'un sac à même la peau et jeûna. Il dormait avec ce sac et il marchait tout lentement »* **(1 Rois 21:27).**

L'Éternel ne rejeta pas Achab, sous prétexte qu'il était très mauvais et qu'il avait épousé Jezabel, la princesse de Baal. Bien au contraire, l'Éternel prêta une oreille plus qu'attentive à sa prière, car il avait vu son humilité par le jeûne, *« La parole de l'Éternel fut adressée à Élie le Thishbite: as-tu vu qu'Achab s'est humilié devant moi ? Eh bien, parce qu'il s'est humilié devant moi, je ne ferai pas venir le malheur durant sa vie. Ce sera pendant la vie de son fils que je ferai venir le malheur sur sa famille »* **(1 Rois 21: 28-29).**

Je ne crois même pas que votre situation soit pire que celle du roi Achab. Même si par extraordinaire, elle est encore pire, je voudrais vous informer qu'il y a une infinie provision de miséricorde au trône de la grâce. En vérité, le jugement de Dieu contre la création est rendu, soit parce que les simples créatures que nous sommes, commettons bien évidemment des péchés et vivons dans l'iniquité; soit parce que nous nous sommes détournés de lui. Alors dès l'instant, nous nous approchons de lui en toute sincérité, avec une réelle repentance, il reste encore fidèle et capable de nous faire grâce. Dans les saintes Écritures, l'Éternel, dans sa justice, rappelait toujours aux peuples ou aux individus leurs fautes avant de les informer, sur ce qui les attendait comme punition. Il est le Tout-Puissant et n'a donc pas nécessairement besoin de nous faire connaître la situation avant de déclarer la sentence.

À votre avis, pourquoi l'Éternel le fait-il ? Certes, sa justice l'exige, mais il s'attend à quelque chose de votre part. Il veut que vous compreniez que vous êtes perdu sans lui afin que vous vous repentiez. Oui, l'Éternel espère qu'après avoir pris conscience, vous vous approcherez de lui et vous lui demanderez pardon. Il espère toujours que vous vous humilierez devant lui pour espérer obtenir de lui toute sa grâce. Chaque fois, que des Hommes et des nations se sont approchés de lui, ils ont toujours reçu le pardon et la restauration de Dieu. Que dirons-nous donc, lorsque nous étudions de très près l'histoire de la ville de Ninive?

Cette ville était une ville païenne qui ne connaissait pas l'Éternel. Elle était réputée pour sa méchanceté qui monta devant l'Éternel, *« La parole de l'Éternel fut adressée à Jonas, fils d'Amitthaï: « Lève-toi, va à Ninive, à, la grande ville, et crie contre elle, car sa méchanceté est montée jusqu'à moi »* **(Jonas 1:1-2)**.

La méchanceté de la ville était accrue au point que le prophète chargé de délivrer le message de Dieu refusa de s'y rendre. Le prophète Jonas préférait mourir que de voir ce peuple méchant être sauvé de la colère de Dieu. Il est resté mort pendant trois jours et trois nuits dans le ventre du poisson géant. Mais pour l'amour de Ninive, Dieu le ressuscita en ordonnant au poisson géant de le vomir à l'endroit où il refusait de se rendre, c'est-à-dire Ninive. Pour la vie des habitants de Ninive, pour qu'ils échappent à son jugement, Dieu fit l'impossible avec la résurrection du prophète du ventre de ce poisson géant. Avec ce miracle, l'Éternel espérait que la ville ne sera pas détruite à cause de sa méchanceté. Quelle grande bonté et quel infini amour de l'Éternel! Comprenez que Ninive, n'était pas Israël, l'élu. Mais l'Éternel, par son prophète alla chercher au plus profond du cœur des habitants tout leur amour. De cette même façon, l'Éternel a envoyé son fils unique Jésus, pour les juifs et les non-juifs en vue de la vie éternelle. L'Éternel envoie la sentence, mais en même temps, il espère que vous prendrez conscience et que vous reviendrez à lui.

Il est important que vous reteniez bien ceci: ***aucune voix sectaire, ni aucune situation aussi vilaine qu'elle soit, ni aucune iniquité aussi grave que ce soit, ne doit vous empêcher de vous approcher de votre créateur. Refusez cela!***

Si seulement, vous êtes prêt à avoir des regrets en vous détournant de vos fautes, l'Éternel aussi se repentira, *« Et il fit faire dans Ninive cette proclamation: « Par ordre du roi et de ses grands, que les hommes et les bêtes, les bœufs et les brebis ne goûtent de rien, ne mangent pas et ne boivent pas d'eau! Que les hommes et les bêtes soient couverts de sacs, qu'ils crient à Dieu avec force, et qu'ils renoncent tous à leur mauvaise conduite et aux actes de violence dont leurs mains sont coupables! Qui sait si Dieu ne se ravisera pas et ne reviendra pas sur sa décision, s'il ne renoncera pas à son ardente colère, de sorte que nous ne mourions pas? Dieu vit ce qu'ils faisaient, il vit qu'ils renonçaient à leur mauvaise conduite. Alors Dieu regretta le mal dont il les avait menacés et ne le fit pas.* » **(Jonas 3:7-10).**

D -Avec le jeûne, changez des situations

Avec le jeûne, vous pouvez changer certaines situations. Je voudrais faire une précision: lorsque vous entreprenez un jeûne, ce n'est pas pour Dieu que vous le faites, mais pour vous-même. Vous jeûnez parce que vous cherchez à vous approcher de lui. Vous ne jeûnez pas pour lui forcer la main ou bien aller contre sa volonté. Quand vous jeûnez, vous ne forcez pas Dieu à agir en votre faveur. Bien au contraire, avec le jeûne, vous vous mettez dans de bonnes dispositions pour voir si Dieu se penchera sur votre situation ou faire comme les gens de Ninive en disant: *« qui sait si Dieu... »?*

Aussi, lorsque les situations ou les évènements ne sont pas de Dieu, vous pouvez jeûner pour chercher la faveur de Dieu à votre endroit.

« Dans chaque province, partout où arrivaient l'ordre du roi et son édit, il y eut une grande désolation parmi les Juifs; ils jeûnaient, pleuraient et se lamentaient, et beaucoup se couchaient

sur le sac et la cendre » **(Esther 4: 3)**. Mardochée, le cousin de la reine Esther et tout le peuple de Dieu, étaient menacés d'extermination et avaient tous entrepris un jeûne pour crier à Dieu leur peine et leur désolation. Aucun prophète à l'époque, comme Jonas, ne leur avait demandé de publier un jeûne. Mais ils avaient les écritures avec eux et ils connaissaient bien ***la portée du jeûne***. Tous les juifs de ce grand royaume étaient inquiets et meurtris par ce décret.

En ce temps-là, le royaume de Perse, s'étendait de l'inde en l'Éthiopie et comprenait environ 127 provinces. Et c'étaient, tous les juifs des 127 provinces qui étaient en danger. Les écritures disent que tous les cœurs des rois de la terre se trouvent entre les mains de l'Éternel, et c'est lui qui les incline là où il veut, « *Le cœur du roi est un courant d'eau dans la main de l'Éternel; il l'incline partout où il veut* » **(Proverbes 21: 1)**. Avec le jeûne, le cœur du roi a été touché et le peuple juif s'est vu libéré de ce décret d'extermination. Je peux vous assurer que le jeûne à plein de potentiels. Ne laissez pas le diable, vous cachez cela. Dans l'exercice du sacerdoce, une chose de plus que j'ai fini par comprendre: tant que les choses, les évènements et les situations ne sont pas le plan de Dieu, vous pouvez les changer par le jeûne accompagné de prières ferventes. Si ce sont vos péchés, vos iniquités ou vos conduites qui créent des situations insoutenables dans votre vie ou autour de vous, vous pouvez les redresser par le jeûne et la prière, en retournant à l'Éternel par la repentance.

E - Le jeûne et les mauvais esprits

« C'est à cause de votre incrédulité, leur dit Jésus. Je vous le dis en vérité, si vous aviez de la foi comme un grain de sénevé, vous diriez à cette montagne: transporte-toi d'ici là, et elle se transporterait; rien ne vous serait impossible. Mais cette sorte de démon ne sort que par la prière et par le jeûne » **(Mathieu 17: 20-21).**

Après quelques années déjà passées avec le maître, les disciples étaient encore incrédules, le niveau de leur foi était tel qu'ils ne pouvaient pas chasser un démon, sinon qu'ils n'étaient pas à mesure de chasser un certain type de démon. Je me pose souvent la question de savoir, savaient-ils qu'ils n'avaient pas suffisamment de foi ou pensaient-ils le contraire ? Mais la suite des évènements nous montre que Jésus n'avait pas tort sur leur foi. Car la nuit de la victoire sur les forces du mal, dans la nuit où Christ fut livré, Pierre pensait défendre le maître avec une épée en coupant l'oreille de Malchance; pendant trois ans, Pierre et ses amis ont marché et mangé avec le Seigneur. Contrairement aux disciples de Jean baptiste, ils avaient été nourris aux enseignements divins par le Messi; ils furent témoins des miracles et des prodiges que Jésus opérait sous la conduite du Saint-Esprit. Et Pourtant, dans cette nuit fatidique, Pierre avait renié le Seigneur à trois reprises devant de simples personnes. Les autres disciples, quant à eux, s'étaient tous dispersés. Trois jours après, ce fut la grande résurrection de Jésus-Christ. Et là, nous pouvons constater la difficulté pour eux de croire que le maître était ressuscité, à l'instar de Thomas qui voulait voir les marques des clous avant d'y croire.

Cette incrédulité, se trouvant au fond d'eux, Jésus-Christ l'avait discernée d'avance. C'est le cas de bon nombre de croyants aujourd'hui. Ils assistent à plusieurs programmes de prière, à plusieurs conférences sur différents thèmes de la parole, à plusieurs réunions de réveil, un peu partout dans le monde et pourtant, ils n'ont toujours pas un niveau de foi considérable. Si les disciples de Jésus jeûnaient comme les disciples de Jean, ils auraient certainement pu chasser ce mauvais esprit dont parlait le Seigneur Jésus. Le manque de foi, qui est l'incrédibilité ou le doute comme on l'appelle généralement, est aussi un mauvais esprit ou un démon. Ce démon, une fois dans votre vie, peut vous empêcher d'avancer dans la marche chrétienne. Lorsque cet esprit prend place dans votre vie, il vous contrôle. Il est important de comprendre que tant que cet esprit vous habite, il y a des niveaux de spiritualité que vous ne pourrez jamais atteindre.

D'après le Seigneur, cette sorte de démon auquel les disciples avaient affaire ne pouvait sortir que par le jeûne et la prière. Soit c'est une personne qui a l'habitude de jeûner, qui peut chasser ce genre d'esprit. Or, ses disciples à lui ne jeûnaient pas encore en ce temps-là. C'est donc probablement la raison pour laquelle ils ne pouvaient pas être efficaces. Retenez ceci: ***à force de jeûner ou d'introduire le jeûne dans votre discipline chrétienne, l'esprit d'incrédibilité, qui est aussi un mauvais esprit, finira lui aussi par vous quitter***. Il est important que vous le compreniez: ce qui doit se passer dans la vie de la personne qui demande la délivrance, doit auparavant s'être produit, chez celle qui doit pratiquer ou exercer cette délivrance. En vérité, ***c'est une personne délivrée qui peut chasser les démons d'une autre personne***. Ainsi, pour être en mesure d'ordonner à un esprit impur de quitter un corps, vous devez vous assurer qu'il n'y a pas aussi un démon ou un mauvais esprit qui vous habite. Jésus a été très clair à ce sujet en disant ceci, « *je ne parlerai plus guère avec vous; car le prince du monde vient. Il n'a rien en moi.* » **(Jean 14:30).** Comprenez-vous quelque chose? Le diable n'avait absolument rien à réclamer au Seigneur, car il n'avait aucun démon en lui. Et vous, qu'en est-il?

Lorsque le seigneur dit que « *cette sorte de démon ne sorte que…* », il ne faisait pas allusion aux hurlements et agitations des mauvais esprits, que nous pouvons constater lors des nombreux rassemblements religieux. Il n'est pas question de cela. Mais il est plutôt question d'une réelle délivrance. Il faut que les démons ou les esprits impurs partent et sortent réellement et définitivement des vies. C'est cela, la délivrance apportée par le seigneur. La délivrance existe réellement avec le seigneur, « Or, le Seigneur c'est l'Esprit ; *et là où est l'Esprit du Seigneur, là est la liberté* » **(2 Corinthiens 3: 17).**

J'exerce depuis longtemps déjà dans la délivrance des âmes et des esprits et je peux vous assurer que tous les démons ne sortent effectivement pas de la même manière. Retenez bien cela, car nous y reviendrons. Sachez que lorsque vous jeûnez, il y a des esprits impurs qui influencent vos vies et vos caractères qui sortent, car ceux-ci n'aiment pas la privation de nourriture. J'ai vu des personnes lutter pendant des années avec certains esprits impurs dans leurs vies sans résultats. Mais avec des moments de jeûne bien définis et inspirés, elles ont recouvré leurs libertés.

F -Le jeûne apporte le réveil spirituel

Il y a plusieurs définitions que l'on pourrait donner au réveil spirituel et comment le recevoir. Cependant, je voudrais être plus simple ici. ***Le réveil spirituel, c'est lorsque le Saint-Esprit fait la publicité de Dieu, en touchant l'humanité à travers des chrétiens qui ont faim et soif de Dieu, afin de faire avancer le royaume de Dieu tout en prêchant l'évangile de Jésus-Christ qui est la bonne nouvelle.*** En clair, on ne peut pas parler du réveil spirituel sans le Saint-Esprit. Le réveil spirituel n'a absolument rien à avoir avec les campagnes charnelles en vue de se faire connaître, de faire connaître son assemblée ou son association. Quand le Saint-Esprit n'est pas associé à un quelconque réveil, nous assistons seulement à des mouvements de masse qui apparaissent et qui disparaissent comme une flamme au lieu du feu. Lorsque l'on fait beaucoup d'efforts humains ou charnels plutôt que spirituels pour gagner des âmes, l'on se retrouve avec plusieurs personnes inconverties et non sauvées dans nos assemblées. Ces personnes ont toutes été attirées par des moyens charnels. En revanche, lorsque le Saint-Esprit prend le devant d'un réveil, ce sont des miracles authentiques et des personnes sauvées qui sont ajoutées à l'Église par le Seigneur, *« Ils étaient chaque jour tous ensemble assidus au temple, ils rompaient le pain dans les maisons, et prenaient leur nourriture avec joie et simplicité de cœur, louant Dieu, et trouvant grâce auprès de tout le peuple. Et le Seigneur ajoutait chaque jour à l'Église ceux qui étaient sauvés. »* **(Actes 2: 46-7).**

La seule façon de laisser le Saint-Esprit faire ce pour quoi il est venu, ce sont des prières et des moments de jeûne. Le jeûne ici, vient crucifier la chair et ses désirs afin de faire croître l'Esprit dans la vie du chrétien. Pendant que vous priez le Seigneur en jeûnant, vous pouvez recevoir la visitation du Saint-Esprit qui apporte le réveil. Ce réveil peut être personnel ou collectif. Cependant, si vous n'êtes pas prêt à prier et à soutenir votre prière par le jeûne, vous pouvez oublier ce réveil tant attendu. Il y a un réel réveil spirituel quand viennent la prise de conscience des affaires du royaume, la soif et la faim de Dieu. Grâce au jeûne et à la prière, vous avez accès à la présence de Dieu, dans laquelle vous obtenez de Dieu, tout ce qu'il faut pour un réveil explosif et impactant, *« Le jour de la Pentecôte, ils étaient tous ensemble dans le même lieu. Tout à coup, il vint du ciel un bruit comme celui d'un vent impétueux, et il remplit toute la maison où ils étaient assis. Des langues, semblables à des langues de feu, leur apparurent, séparées les unes des autres, et se posèrent sur chacun d'eux. Et ils furent tous remplis du Saint-Esprit, et se mirent à parler en d'autres langues, selon que l'Esprit leur donnait de s'exprimer »* (A**ctes 2:1-4)**.

Dix jours s'étaient déjà écoulés, depuis le départ du seigneur pour le ciel jusqu'à cette fête, la Pentecôte, pendant laquelle le Saint-Esprit descendit. Avant de disparaître dans la nuée, Jésus avait demandé à ses disciples d'attendre cette promesse qui leur avait faite. Durant ces dix jours, les disciples attendaient. Qu'est-ce qu'ils pouvaient bien faire dans cette chambre haute en attendant la réalisation de la promesse? Ils priaient tous, en jeûnant. Oui, ils jeûnaient! Jésus avait répondu aux disciples de Jean-Baptiste au sujet du jeûne disant que, quand l'époux, se référant bien sûr à lui-même, ne sera plus, ils jeûneront. *Et c'est ce qu'ils étaient en train de faire pendant dix jours. L'époux n'était plus là. Ils jeûnaient en priant, en adorant et en cherchant la face du Seigneur qui venait de monter au ciel.* Le Seigneur Jésus leur avait dit d'avance ce qu'ils gagneraient en jeûnant à son absence: *ils recevront le vin nouveau.*

« On ne met pas non plus du vin nouveau dans de vieilles outres ; autrement, les outres se rompent, le vin se répand, et les outres sont perdues ; mais on met le vin nouveau dans des outres neuves, et le vin et les outres se conservent. » **(Matthieu 9:17)**.

Remarquez très bien, ce passage de **Matthieu 9:17 et celui-ci (Matthieu 9:16),** *« Personne ne met une pièce de drap neuf à un vieil habit; car elle emporterait une partie de l'habit, et la déchirure serait pire.* ». Ces deux passages cités plus haut, **viennent** tous deux juste après celui-là: **(Matthieu 9:15)**, *« Jésus leur répondit: les amis de l'époux peuvent-ils s'affliger pendant que l'époux est avec eux? Les jours viendront où l'époux leur sera enlevé, et alors ils jeûneront* ». De façon brève, Jésus leur parlait de l'Esprit qu'ils allaient recevoir de Dieu et dans une atmosphère de prière et de jeûne. Mais avant, ils devaient être de nouvelles personnes qui recevront un esprit nouveau, le Saint-Esprit. En clair, Jésus révélait l'introduction dans l'humanité d'une nouvelle alliance, la nouvelle alliance avec le Père dans le fils, Jésus. Laquelle alliance est matérialisée par le Saint-Esprit, « *Voici mon alliance avec eux, dit l'Éternel: mon esprit, qui repose sur toi, et mes paroles, que j'ai mises dans ta bouche, ne se retireront point de ta bouche, ni de la bouche de tes enfants, ni de la bouche des enfants de tes enfants, dit l'Éternel, dès maintenant et à jamais* » **(Ésaïe 59 :21)**;

« *En lui vous aussi, après avoir entendu la parole de la vérité, l'Évangile de votre salut, en lui vous avez cru et vous avez été scellés du Saint Esprit qui avait été promis, lequel est un gage de notre héritage, pour la rédemption de ceux que Dieu s'est acquis, à la louange de sa gloire* » **(Éphésiens 1 :13-14).**

Le Saint-Esprit est l'auteur du vin nouveau. Sachez que le vin est aussi généralement une symbolique du Saint-Esprit dans les écritures. Certains voulant se moquer d'eux le jour de la Pentecôte parlèrent certainement poussés par l'Esprit, « *Mais d'autres se moquaient, et disaient: ils sont pleins de vin doux »* **(Actes 2:13).**

Le Saint-Esprit, le parfait vin! Mais avant de recevoir ce vin nouveau, ils devaient être changés en de nouveaux vases, nouvelles personnes. Leurs cœurs et leurs vies devaient être changés parce que le vin nouveau a besoin de nouvelles outres. Pendant ces dix jours, cette génération d'incrédules, comme Jésus aimait ainsi les appeler, avait jeûné et prié; ils cherchèrent la face de Dieu jusqu'à ce que le Seigneur s'occupe de leurs cœurs, leurs vies, les outres anciennes. Et l'exaucement fut tangible! Il eut une effusion du Saint-Esprit dans leur vie. Dès cet instant, ils pouvaient être de véritables témoins dans toute la Judée, la Samarie et aux extrémités de la terre. Le Saint-Esprit de Dieu, qu'ils ont reçu dans le jeûne et la prière, le jour de la Pentecôte, a été la dynamite de ce réveil spirituel tant abordé dans le livre des actes des apôtres, qu'on pourrait si possible renommer les actes du Saint-Esprit.

Vous pouvez recevoir des dons spirituels par la prière en jeûnant, recevoir aussi le baptême de feu dans le jeûne et la prière. Plus encore, vous pouvez recevoir de Dieu des paroles précises pour vous, du rhé-ma. Cette parole que vous recevrez changera positivement et à jamais votre façon de voir Dieu et de comprendre les affaires du royaume.

G- Le jeûne et l'exaucement

« Quand le jour fut venu, les Juifs formèrent un complot, et firent des imprécations contre eux-mêmes, en disant qu'ils s'abstiendraient de manger et de boire jusqu'à ce qu'ils eussent tué Paul » **(Actes 23:12).**

Ces juifs avaient décidé de jeûner jusqu'à ce que l'apôtre Paul soit tué par leurs mains. Cela signifie qu'ils avaient pour habitude de faire ce genre de choses. C'est-à-dire se servir du jeûne pour tuer les gens; ils se servaient du jeûne pour rendre efficaces leurs projets malsains et diaboliques; ils s'en servaient surtout, quand ils voulaient accomplir leurs sombres volontés. Ils connaissaient parfaitement le pouvoir du jeûne et ils l'utilisaient parfois quand ils trouvaient cela nécessaire pour eux. Car en réalité, le jeûne est très efficace. Mais cette fois-là, leur projet funeste contre l'apôtre du Seigneur ne se réalisa point, parce que le Saint-Esprit ne leur permit pas de le faire contre le serviteur de Jésus-Christ. Si pour les projets malsains, ils arrivaient à appuyer leurs volontés par le jeûne, pourquoi ne l'utiliserez-vous pas, vous qui connaissez et servez le vrai Dieu, pour renforcer vos prières ? Tous ceux qui ont renforcé par moment leurs prières par le jeûne dans la Bible, ont obtenu des exaucements.

Je voudrais faire mention de cet homme, ce grand prophète de la Bible, le prophète Daniel. Il a découvert une révélation dans les écrits, la ruine de Jérusalem et le nombre d'années que cela prendrait. Cet écrit qu'il avait vu et lu l'avait fortement troublé. Qu'est-ce que cela voulait dire exactement ? Est-ce à dire que le peuple de Dieu souffrirait tout ce temps ? Mais il savait une chose: à l'Éternel, toute la connaissance. Il avait prié le Seigneur de tout son cœur. **Mais il l'avait fait en jeûnant!**

« la *première année de son règne, moi, Daniel, je vis par les livres qu'il devait s'écouler soixante-dix ans pour les ruines de Jérusalem, d'après le nombre des années dont l'Éternel avait parlé à Jérémie, le prophète. Je tournai ma face vers le Seigneur Dieu, afin de recourir à la prière et aux supplications, <u>en jeûnant</u> et en prenant le sac et la cendre »* **(Daniel 9:1-2).** Il demanda pardon à Dieu pour lui, ses pères et pour tout le peuple, mais <u>en jeûnant</u>. Cet homme avait bien compris la portée du jeûne et il ne s'en privait pas. L'Éternel se souvint aussi de lui. Il aurait pu prier seulement sans jeûner pour demander à Dieu l'explication au sujet de ce qu'il venait de découvrir. *Mais non, il avait bel et bien jeûné!* Il l'avait fait à cause de l'importance de sa découverte. ***Il s'était assuré de mettre tout ce qu'il fallait dans la balance, pour être sûr d'être entendu par Dieu***. Le désir d'exaucement, le poussa à associer le jeûne à la prière. Cet homme de Dieu aimait particulièrement prendre des moments de jeûne quand les enjeux étaient importants. Ce qui fait de lui, le précurseur du jeûne communément appelé, *jeûne à fruits/ légumes ou le jeûne de Daniel « éprouve tes serviteurs pendant dix jours, et qu'on nous donne des légumes à manger et de l'eau à boire »* **(Daniel 1:12).**

Avec le jeûne, Dieu peut aussi certainement vous apporter rapidement votre exaucement, *« je parlais encore dans ma prière, quand l'homme, Gabriel, que j'avais vu précédemment dans une vision, s'approcha de moi <u>d'un vol rapide</u>, au moment de l'offrande du soir »* **(Daniel 9: 21).** Daniel fit pareil lorsqu'il avait reçu une autre révélation sur une grande calamité qui s'annonçait. Visiblement, le support que connaissait cet homme, pour l'exaucement de ses prières, était le jeûne. Une fois encore, dans le jeûne, il était sûr de l'exaucement de ses prières, *« En ce temps-là, moi, Daniel, je fus trois semaines dans le deuil. Je ne mangeai aucun mets délicat, il n'entra ni viande ni vin dans ma bouche, et je ne m'oignis point jusqu'à ce que les trois semaines fussent accomplies »* **(Daniel 10:2-3).**

À cause de cette calamité à venir, Daniel avait fait le choix de mettre de côté la nourriture et le vin pour se concentrer sur cette révélation dans le jeûne. Il avait accepté de sortir de sa zone de confort pour chercher la face de Dieu. Sortez de votre zone de confort et associez parfois le jeûne à votre prière! Combien de fois, avez-vous préféré rester dans votre zone de confort au lieu de crier à Dieu dans le jeûne? Vous vous êtes dit dans votre zone de confort, que l'Éternel fera toute bonne chose pour vous en son temps. Suivez-moi bien, ***faites ce que vous avez à faire selon les écritures et l'Éternel fera le sien***.

Cette troublante situation poussa Daniel à jeûner pendant trois semaines. Il n'avait pas prévu jeûner trois semaines, seulement que l'exaucement n'était pas venu de sitôt, *« Il me dit: Daniel, ne crains rien; car dès le premier jour où tu as eu à cœur de comprendre, et de <u>t'humilier devant ton Dieu</u>, tes paroles ont* *été entendues, et c'est à cause de tes paroles que je viens. Le chef du royaume de Perse m'a résisté vingt et un jours; mais voici, Micaël, l'un des principaux chefs, est venu à mon secours, et je suis demeuré là auprès des rois de Perse »* **(Daniel 10: 12).**

Gloire à Dieu! Daniel avait réussi à percer le mystère de l'exaucement des prières efficaces: *la prière appuyée par le jeûne.* Sa volonté de recevoir la connaissance dans le jeûne débloqua le ciel pour lui apporter l'exaucement tant attendu. Avec le jeûne, vous pouvez très certainement aussi déclencher l'exaucement de vos prières.

H- Le jeûne dans le service de Dieu

« Mais nous nous rendons à tous égards recommandables, comme serviteurs de Dieu, par beaucoup de patience dans les tribulations, dans les calamités, dans les détresses, sous les coups, dans les prisons, dans les troubles, dans les travaux, dans les veilles, dans les jeûnes » **(2 Corinthiens 6:4-5);** *« J'ai été dans le travail et dans la peine, exposé à de nombreuses veilles, à la faim et à la soif, à des jeûnes multipliés, au froid et à la nudité »* **(2 Corinthiens 11: 27).**

Vu le caractère d'humilité et de rapprochement que confère le jeûne, vous êtes de part et d'autre obligé d'avoir des temps de jeûne personnel. Comme les apôtres, vous devez servir avec beaucoup de persévérance et d'abnégation dans les situations difficiles et humiliantes. Vous devez aussi, très fortement, avoir des moments de privation de nourriture pour vous approcher du Seigneur afin de recevoir de lui, la fortification. Vous ne devez absolument pas attendre les moments de jeûne communautaire avant de vous mettre à part. Le sacerdoce auquel nous sommes appelés est spirituel et avec le jeûne, nous abaissons nos âmes devant le Seigneur tout en élevant nos esprits à la dimension du Saint-Esprit.

L'Apôtre, fait bien la différence entre le jeûne, la faim et la soif, juste pour nous faire comprendre qu'en tant que serviteur du Dieu très haut, il a dû faire des sacrifices comme le jeûne. Mais surtout, des jeûnes multipliés. Oui, des jeûnes multipliés! Vous ne pouvez pas servir Dieu efficacement si vous n'avez pas une vie de prière appuyée par le jeûne, de surcroit des jeûnes multipliés. Le Jeûne, affaiblit directement votre chair, mais rend votre esprit bien disposé en vue de recevoir de Dieu par le Saint-Esprit, des instructions et paroles nécessaires quant à l'œuvre à laquelle il vous a appelé. Quand l'homme intérieur est diminué ou abaissé, vous devenez un homme d'Esprit ou une personne comme Daniel, qui avait un esprit supérieur pour être en communion parfaite avec le ciel. Si vous souhaitez être pleinement au service de Dieu par le Saint-Esprit et marcher avec le Saint-Esprit, vous n'avez pas d'autre choix que de vous exercer quelques fois aux jeûnes multipliés. Comme les apôtres, vous pouvez aussi entreprendre des moments de jeûne dans le but de recommander des élus à la grâce de Dieu pour les envoyer à d'éventuels champs de missions et territoires, *« Pendant qu'ils servaient le Seigneur dans leur ministère et qu'ils jeûnaient, le Saint-Esprit dit: mettez-moi à part Barnabas et Saul pour l'œuvre à laquelle je les ai appelés. Alors, après avoir jeûné et prié, ils leur imposèrent les mains, et les laissèrent partir »* **(Actes 13:2-3).**

En lisant ce passage, nous comprenons que ces serviteurs de Dieu avaient l'habitude de prendre des moments de jeûne. Ceci n'était pas pour se repentir des péchés commis, comme le présentent certains. On n'entre pas seulement dans un jeûne pour se repentir de ses péchés, mais on peut aussi entreprendre un jeûne pour communier et communiquer avec le Saint-Esprit en vue d'une bonne direction. Après cela, ils jeûnaient encore avant d'imposer les mains. Quelle dévotion! Si les ministres de l'Éternel, aujourd'hui, continuent avec cette façon de faire dans les affaires du royaume, nous assisterons à une conduite efficace du Saint-Esprit dans nos assemblées.

Les dirigeants et fondateurs de nos d'assemblées seront étroitement conduits par l'Esprit, tout en prenant des décisions inspirées. Cela sera la victoire de l'Esprit sur la chair et ses désirs. Ils auront dans leurs bouches les paroles de feu qui conduiront à de réelles repentances et conversions. Ainsi, nos lieux de rassemblement ressembleront à de verts pâturages, là où le peuple de Dieu trouverait de l'herbe fraîche pour sa nourriture et sa consistance.

Les apôtres avaient écouté la voix de l'Esprit et exécutèrent la mission. « *Et les laissèrent partir* », ils les envoyèrent en mission. Surtout, avec le Saint-Esprit qui les accompagnait. Ce qui veut dire, non seulement ils les laissaient partir, mais en plus, le Saint-Esprit demeurait avec eux dans cette mission. Ils ne partaient pas sans lui. En les conduisant, le Saint-Esprit de Dieu organisait tout en leur faveur. Dieu demanda à Moïse de conduire le peuple d'Israël en terre promise après sa sortie d'Égypte et la traversée de la mer. Moïse avait posé de façon ferme un préalable ou une condition, « *l'Éternel répondit: je marcherai moi-même avec toi, et je te donnerai du repos. Moïse lui dit: si tu ne marches pas toi-même avec nous, ne nous fais point partir d'ici* » **(Exode 33:15).**

Par la suite, nous pouvons constater que le Seigneur fut avec le peuple tout au long de ce parcours en vue de la conquête de Canaan, « *L'Éternel dit à Moïse: je ferai ce que tu me demandes, car tu as trouvé grâce à mes yeux, et je te connais par ton nom.*» (**Exode 33:17**). Mettez-vous quelque fois au jeûne et laissez l'Éternel être avec vous dans le sacerdoce.

I- le jeûne et votre capacité spirituelle

« Jésus remplit du Saint-Esprit, revint du Jourdain et il fut conduit par l'Esprit dans le désert, où il fut tenté par le diable pendant quarante jours. Il ne mangea rien durant ces jours-là et après, qu'ils furent écoulés, il eut faim » **(Luc 4:1-2)**.

Cela n'était pas un hasard. Tout était préparé par le Saint-Esprit pour le ministère de Jésus. Il était important qu'il commence et qu'il accomplisse sa mission sur terre sans aucune limitation. Il devait être capable d'affronter le diable, les démons et être capable de guérir toutes sortes de maladies, d'infirmités et même de ressusciter les morts. Pour tout cela, le Seigneur Jésus devait avoir une capacité spirituelle au-delà de toutes forces existantes.

Ainsi, l'Esprit le conduisit dans le désert pour jeûner et être tenté. Après son baptême, il est dit expressément, *« rempli du Saint-Esprit, il a été poussé par l'Esprit dans le désert »*. La Bible précise qu'il était rempli de l'Esprit. Cependant, après avoir fini son moment de jeûne, les écritures précisent encore: *« Jésus, revêtu de la puissance de l'Esprit, retourna en Galilée, et sa renommée se répandit dans tout le pays d'alentour»* **(Luc 4:14).**

Voyez-vous, nous pouvons donc établir nettement une différence entre le fait d'être rempli du Saint-Esprit et le fait d'être revêtu de la puissance du Saint-Esprit. Ce qui est visible aujourd'hui. La plupart des chrétiens ne manifestent pas la puissance de l'Esprit parce qu'ils ne sont pas aussi prêts à se priver de nourriture de temps à autre pour des questions d'ordre spirituel. Notamment privilégier une intimité avec le Saint-Esprit, qui peut agir puissamment en eux, avec eux et sur eux. Je voudrais vous dire que dans l'ordre des choses, tel que la Bible nous le présente, nous avons en réalité *trois types d'ennemis dans la marche chrétienne.* À savoir: notre *chair*, ensuite *le monde* et enfin *le diable et les démons*. Pour chacun de ces trois ennemis, la Bible a déjà donné les recettes respectives pour une victoire totale dans la marche chrétienne.

Pour prendre le dessus sur le diable et les démons, nous avons ceci: « *soumettez-vous donc à Dieu ; résistez au diable, et il fuira loin de vous* » **(Jacques 4: 7).** C'est ce que fit exactement le fils de l'homme. Le Seigneur Jésus, dans le désert, résista au diable et il obtint la victoire sur le malin.

Pour prendre le dessus sur le monde, nous avons aussi ceci: « *N'aimez point le monde ni les choses qui sont dans le monde. Si quelqu'un aime le monde, l'amour du Père n'est point en lui* » **(1 Jean 2:15).**

Pour prendre enfin le dessus sur la chair, nous avons de façon claire ceci: « *Ceux qui sont à Jésus-Christ ont crucifié la chair avec ses passions et ses désirs.* » **(Galates 5:24).** Avec bien entendu aussi ceci: « *Faites donc mourir les membres qui sont* *sur la terre, l'impudicité, l'impureté, les passions, les mauvais désirs, et la cupidité, qui est une idolâtrie* » **(Colossiens 3: 15).**

Le jeûne apparaît comme étant, l'un des moyens efficaces pour crucifier sa chair. Lorsque vous jeûnez, vous affaiblissez la chair et vous donnez le plein pouvoir au Saint-Esprit, de prendre le contrôle de votre vie. Ainsi, quand l'Esprit vous conduit, il est certain qu'il ne vous conduira pas dans l'impureté. Le jeûne, vient donc vous débarrasser de certaines choses malsaines qui, jusque-là, vous résistaient. Quand le diable n'a plus rien à vous réclamer, soyez-en sûr, partout où vous élevez la voix, il ne peut que fuir devant vous, comme déroulé dans le désert devant le Seigneur Jésus.

Oui, effectivement, le jeûne aussi peut accroître votre capacité spirituelle. Certains chrétiens ne sont pas capables de repousser le malin quand l'occasion se présente. Ils ne sont pas capables d'éteindre les traits enflammés du malin ou même, capables de résister au feu étranger. Ainsi, nous constatons des vies chrétiennes désastreuses.

Le Saint-Esprit poussa Jésus dans le désert et le laissa tout seul face au diable, qui finit par triompher de cet épisode dans le désert. ***Si le jeûne n'était pas important, voire indispensable dans le ministère et dans le combat contre le diable, le Saint-Esprit ne l'y aurait pas amené***. Bien qu'il eût faim après quarante jours, et très affaibli, ce qui est normal d'ailleurs, il fut capable de tirer toute la force nécessaire dans son esprit afin de ne pas se laisser assujettir par sa chair et par le diable.

Dans sa faiblesse corporelle, Jésus refusa l'adoration d'un autre dieu autre que Yahweh. Et même plus encore, il rejeta toute la gloire de ce monde au profit de la gloire éternelle auprès du père. Alléluia! Lorsque vous jeûnez ou lorsque le jeûne devient une partie intégrante de votre marche chrétienne, vous êtes rendu capable de voir ce monde à travers les yeux de l'Esprit, au point de voir la vaine gloire de ce monde comme de la boue. Vous devez être à l'image de Jésus. Après cet épisode, il reçut la puissance! Combien de personnes ont-elles commencé à servir Dieu à partir du jeûne ou combien ont-elles des moments personnels de prière et de jeûne pour chercher la face de Dieu ou pour une consécration éventuelle? Il existe des chrétiens qui peuvent vivre toute une année pleine sans avoir un véritable moment intime dans le jeûne et la prière. Vous devez réellement vous positionner pour que Dieu vous utilise efficacement. Vous travaillez certainement pour le compte du royaume. Mais, est-ce avec efficacité? C'est le jeûne et la prière, plongés dans une atmosphère de méditation profonde de la parole de Dieu, qui peuvent vous positionner. Le jeûne libère votre esprit pour vous permettre de recevoir beaucoup de l'Éternel. À l'image de Jésus, chaque fois que vous jeûnez, vous attirez l'attention de Dieu sur vous. Lorsque vous jeûnez, l'Éternel peut augmenter la capacité du Saint-Esprit sur vous. C'est pourquoi, Jésus avait jeûné avant de commencer son ministère. C'est pour cela aussi qu'il a pu chasser l'esprit impur de la vie de ce jeune homme lunatique et non pas ses disciples.

Je précise ici que je ne vous invite pas à avoir des temps de jeûne de quarante jours. Non, ce n'est pas le cas. En plus, je vous le déconseille (à cet effet, je vous invite à la lecture du chapitre 14). Mais vous, à quoi l'Esprit vous conduit-il? Ce n'est pas la longueur du jeûne qui définit sa qualité, mais plutôt la manière dont cela est fait et l'instruction reçue pour le faire. En clair, le jeûne peut vous apporter l'onction sous réserve de certaines conditions. À moins que vous l'ayez déjà, le jeûne peut même favoriser l'augmentation de l'onction sur vous si vous êtes dans cette dynamique.

Chapitre 7

Élevons le niveau de la Prière

C'était une période assez particulière qui s'annonçait avec beaucoup de joies et de victoires à l'horizon. Dans les rues et les coins de rue, nous distribuions des prospectus avec de la littérature chrétienne aux personnes que nous pouvions aborder. Nous utilisions ces prospectus pour inviter les uns et les autres à une très grande campagne d'évangélisation qui devait se tenir sur trois soirs. Pour cette campagne, la capitale se préparait à accueillir, pour la première fois, d'importants serviteurs de Dieu tels que feu le Docteur Morris Cerrullo des É.-U. et feu l'archevêque Benson Idahossa du Nigeria. L'enthousiasme avant et pendant ce programme était surtout le même. L'on pouvait constater les congrégations, les associations évangéliques et pentecôtistes s'unir pour la réussite de cet évènement d'une grande portée spirituelle. Sur les grandes plates-formes de propagation de l'évangile, on passait en revue les bienfaits de Dieu au travers de ces serviteurs, dans les différents pays où ils étaient déjà allés pour témoigner le christ vivant et ressuscité. Ainsi, on pouvait s'imaginer ce que l'Éternel était sur le point de faire dans cette belle capitale pendant trois jours avec ses serviteurs.

Et je peux vous assurer, ce fut une grande victoire avec une belle moisson pour Christ. Les femmes, les jeunes gens et les hommes, qu'ils soient malades ou pas, répondaient massivement à l'appel pour donner leurs vies au Christ, faisant de lui, désormais, Seigneur et sauveur de leurs vies.

En quelques minutes seulement, plusieurs personnes descendaient des tribunes de ce beau stade, aux allures de fête, qui abritait ce glorieux évènement. Certains courraient avec joie pour occuper la pelouse afin de faire face au podium qui était dressé pour l'occasion. En un clin d'œil, cette belle pelouse bien verte était envahie par une marée humaine avec les mains levées pour implorer le pardon du Seigneur et recevoir le Christ. C'était merveilleux d'entendre en chœur, comme une seule personne, les voix s'élever pour répondre à cet appel solennel. Ce fut ainsi, chaque soir, pendant ces trois jours de feu et de puissance. Au-delà des repentances, il y avait plusieurs délivrances et guérisons dans les foules qui se succédaient tous les soirs. Et le Seigneur fut puissamment glorifié!

C'est dans cette atmosphère qu'un homme, serviteur de Dieu que je connaissais, s'approcha de moi et me posa la question suivante:

— « *Max, veux-tu devenir un homme de prière* » ?

À vrai dire, j'avais déjà entendu cette expression, « un homme de prière », j'avais ma petite idée, mais pas vraiment en profondeur. Et je m'étais déjà engagé dans la prière avec le feu de l'Esprit qui me dévorait de l'intérieur. Étant donné qu'il y avait dans sa question la prière, alors, je lui répondis, tout balbutiant comme suit:

— « *Heu, heu, oui!* »

Je lui répondis par l'affirmative. Et je continuai à lui dire: « *C'est vrai qu'à part la prière, je n'ai vraiment pas trop de profondeur sur le fait d'être un homme de prière, mais je voudrais bien sûr devenir un homme de prière* ». Et il mit notre entretien à plus tard. Depuis cette conversation, mon esprit était dérangé et je voulais en savoir plus sur la question. J'avais même sérieusement commencé à lire la Bible par le début, à partir de la Genèse, pour en être éclairé. Dans cette dynamique, cet homme de Dieu et moi avions eu une autre rencontre, mais cette fois-là, c'était pour m'expliquer ce qu'on entend par ***« un homme de prière »***. En quinze minutes, il avait déjà fait le tour de la question. Seulement quinze précieuses minutes!

Aujourd'hui, je suis à même de dire que quinze minutes ne suffisent pas vraiment, pour éclairer une question d'ordre spirituel. Mais en quinze minutes, il avait réussi à me dire ce que je voulais et devais entendre. Et par la suite, je peux vous confirmer que le Saint-Esprit fit le reste. C'est pourquoi je peux vous dire: vous devez aimer bien entendu la prière appuyée par le jeûne. Et la prière doit être votre style de vie, car le Seigneur Jésus s'attend à ce que vous priiez, lorsqu'il dit: ***« quand vous priez ».*** le Seigneur Jésus a dit : *« Mais cette sorte de démon ne sort que par la prière et par le jeûne »* **(Matthieu 17:21)**. Aussi clairement possible, le Seigneur était en train de leur dire, ***tant***

que votre vie n'a pas l'empreinte de la prière et du jeûne, il vous sera impossible de traiter avec ce genre de démons ou ce genre d'esprit impur.

Le Seigneur Jésus n'a pas dit: par le jeûne **ou** la prière. Mais il a plutôt dit: par le jeûne **et** la prière. Si vous ne jeûnez pas **et** ne priez pas, il y a des démons que vous ne serez jamais capable de chasser dans la vie des autres, mais aussi bien entendu, dans la vôtre. La bible dit qu'un groupe d'anges ont suivi Lucifer dans sa rébellion et ont tous été précipités par l'archange Michael, « *Et il fut précipité, le grand dragon, le serpent ancien, appelé le diable et Satan, celui qui séduit toute la terre, il fut précipité sur la terre, et ses anges furent précipités avec lui* » **(apocalypse 12: 3-4)**;

« *C'est pourquoi réjouissez-vous, cieux, et vous qui habitez dans les cieux. Malheur à la terre et à la mer! car le diable est descendu vers vous, animé d'une grande colère, sachant qu'il a peu de temps.* » **(Apocalypse 12:12)**.

Ainsi, nous savons qu'il y a un groupe d'anges déchus qui sont sur la terre et au-dessus de la terre, c'est à dire dans les airs; un autre groupe descendu dans les eaux ou la mer. Selon l'apôtre

Paul, nous pouvons trouver quatre catégories d'anges déchus. À savoir: les dominations, les autorités, les principautés et les esprits méchants, « *Car nous n'avons pas à lutter contre la chair et le sang, mais contre les dominations, contre les autorités, contre les princes de ce monde de ténèbres, contre les esprits méchants dans les lieux célestes* » **(Éphésiens 6: 12).**

Voyez-vous, il vous sera donc très difficile, à moins qu'il y ait une révélation par le Saint-Esprit, de discerner lequel des démons parmi les quatre catégories, peut être chassé par le jeûne et la prière. Ce jeune homme dont il est question était lunatique, « *Seigneur, aie pitié de mon fils, qui est lunatique, et qui souffre cruellement; il tombe souvent dans le feu, et souvent dans l'eau*» **(Matthieu 17:21).**

Être lunatique, c'est simplement, être atteint de démence par période. C'est aussi, être atteint d'épilepsie. Croyez-moi, j'ai vu plusieurs cas d'épilepsie et je peux vous assurer que cet esprit est vraiment cruel, comme l'avait dit le père de cet enfant à Jésus, « *et qui souffre cruellement* »**.** Peu importe l'endroit et le moment où se trouve le malade, l'esprit fait ce qu'il veut du corps du malade. Et c'est « méchamment méchant ». Si le Seigneur Jésus n'était pas présent dans les environs, cet esprit ne serait pas chassé et le jeune homme ne serait pas guéri. Toute la gloire à Jésus! J'ai été un témoin de grandes délivrances et guérisons que le Tout-Puissant a opérées dans plusieurs vies. Pour cela, je peux vous confirmer que les démons ne sortent pas tous de la même manière.

Il y a, ceux qui sortent des vies avant même que vous ne franchissiez le seuil d'une assemblée qui vit le feu de l'Esprit, ou même pendant la louange et l'adoration qui sont données à Dieu dans ce lieu. Plus encore, il y a ceux qui sortent durant la prédication de la parole. Et il y a aussi, finalement, ceux qu'il faut confronter et ordonner de sortir au nom de Jésus, comme le fit plusieurs fois Jésus. Au-delà de tout ceci, une vie de prière et de jeûne est indispensable pour une délivrance effective. Sans cela, vous vous retrouvez avec des cas de possessions à n'en point finir. C'est aussi la raison pour laquelle les démons peuvent habiter des vies et posséder des esprits pendant des années sans aucune réelle délivrance.

Je ne parle pas encore de toutes ces manifestions que vous pouvez constater dans nos assemblées sans réelles délivrances ou lorsqu'on vous laisse entendre que vous êtes délivré par la foi après plusieurs tentatives. Le nom de Jésus, est tellement puissant, qu'aucun esprit, aussi fort soit-il ne peut résister. Nous avons donc un véritable problème de limitation spirituelle comme c'était le cas avec les disciples de Jésus. Au début, je participais à des séances de délivrances qui pouvaient durer pendant des heures, sans que le démon ou l'esprit impur sorte réellement. C'était vraiment fastidieux cet exercice. Mais lorsque, j'ai commencé à m'appliquer à la prière, surtout en appuyant la prière par le jeûne, le Saint-Esprit de Dieu, a commencé à œuvrer efficacement dans les vies. Et la parole pouvait maintenant s'appliquer: « *Si donc le Fils vous affranchit, vous serez réellement libres* » **(Jean 8:36)**.

Il est très important de savoir que le Seigneur Jésus rend réellement libre et laisse partir libres les opprimés. La capacité de chasser les démons nous incombe. Jésus chassait réellement les démons et les esprits impurs sortaient absolument des vies. Vous pouvez aussi le faire, si seulement vous pouvez ajouter à votre discipline chrétienne, le jeûne et la prière. De la même manière, dans un combat, les armes sont utilisées de façon appropriée, ainsi le jeûne et la prière sont les deux armes qui peuvent efficacement lutter contre certaines forces des ténèbres. Si vous ne priez pas et que vous ne jeûnez pas comme l'a précisé Jésus, il y a des batailles dans le spirituel que vous ne pourrez jamais mener; des victoires que vous ne pourrez jamais obtenir; des territoires que vous ne pourrez jamais conquérir ou même, arracher des quartiers à l'ennemi.

La prière et le jeûne, ne doivent pas être pour vous des options, mais plutôt des nécessités.

Bien évidemment, les disciples de Jésus ne pouvaient pas chasser cet esprit de la vie de ce jeune homme parce qu'ils ne jeûnaient pas encore et peut-être, qu'ils pratiquaient toujours la prière religieuse avec aucun dynamisme. C'est pour tout cela qu'ils s'étonnaient à la vue des résultats qui découlaient des prières de Jésus. Jésus voulait leur enseigner qu'il ne suffisait pas de prier n'importe comment, mais qu'ils devaient savoir comment faire pour être aussi très efficaces et puissants spirituellement.

En clair, la prière appuyée par le jeûne, peut rendre tout croyant aussi efficace dans le spirituel. Je voudrais ici vous dire le plus simplement possible, que le diable et les démons connaissent ceux qui sont efficaces et ceux qui sont capables de les chasser, *« L'esprit mauvais leur répondit: «Je connais Jésus et je sais qui est Paul; mais vous, qui êtes-vous?»* **(Actes 19:15)**. C'est pour cette raison que vous devez être plus que jamais, conséquent avec vous-mêmes et chercher à remplir les conditions pour être des instruments utiles et très efficaces entre les mains du Seigneur.

Qui que vous soyez et quoi que vous fassiez dans le champ de Dieu, vous devez être puissant pour le royaume et non limité, *« Ton Dieu ordonne que tu sois fort »* **(Psaumes 68:29)**. Les disciples ne pouvaient pas être des témoins puissants et aussi efficaces, bien avant de recevoir la promesse faite par Jésus, le Saint-Esprit. C'est donc la volonté de Dieu que vous soyez fort, puissant et sans limitation, lorsque vous êtes en train de faire son œuvre. Le Seigneur Jésus ne leur avait rien caché, en leur disant que c'est le jeûne combiné à la prière qui apporte le résultat escompté. ***À ce niveau, il n'est plus question de faire des requêtes à Dieu, mais il est question d'élever le niveau de la consécration***.

Chapitre 8

La constance dans la prière

La prière est la plus grande bénédiction du royaume que l'Éternel a mise à notre disposition. Nous parlons tous de la prière, mais très peu de personnes pratiquent et profitent réellement des bienfaits de la prière. La prière commencera à vraiment impacter votre vie quand elle respectera une réelle constance. La prière devient une puissance pour vous quand elle est faite de façon régulière.

Votre vie de prière ne doit pas être occasionnelle ou circonstancielle; ne priez pas seulement lorsque vous avez un besoin urgent à satisfaire ou lorsque vous vous trouvez dans des situations très embarrassantes. La prière, ne doit surtout pas être pour vous, quelque chose de facultatif. Je ne suis pas contre le fait que vous utilisez la prière pour parler à Dieu quand vous avez des problèmes, pas du tout. Presque tout le monde le fait, y compris moi. Et même plus, la Bible nous le recommande, *« Ne vous inquiétez de rien; mais en toute chose, faites connaître vos besoins à Dieu par des prières et des supplications, avec des actions de grâces. »* **(Philippiens 4: 6).** Je vous encourage donc à continuer dans ce sens en toute vérité.

Cependant, ce que j'essaie de vous dire ici, c'est qu'au-delà de toutes ces situations, la prière doit être pour vous un style de vie. Elle doit devenir finalement une habitude pour vous. Vous ne pouvez pas prier Dieu aujourd'hui et attendre trois ou quatre semaines avant de recommencer à chercher sa face. Vous ne devez pas attendre seulement de sentir le choc des soucis et des problèmes, avant de vous engager dans la prière en appelant l'Éternel au secours. L'Éternel ne doit pas être seulement le *« Deus ex machina »*. C'est-à-dire celui qui vient résoudre votre situation difficile au dernier moment. Vous gagnerez plus, à anticiper en vous adonnant entièrement à la prière. N'oubliez surtout pas que le Seigneur Jésus s'attend à ce que vous priiez. Faites de la prière votre respiration et profitez du plein potentiel de la prière. « *Jésus leur adressa une parabole, pour montrer qu'il faut toujours prier, et ne point se relâcher* » **(Luc 18 :1).** C'est cela! Il faut toujours prier! Et Paul ajouta qu'il faut prier « *sans cesse* » **(1Théssaloniciens 5:17)**. J'ai fini par comprendre que notre vie de prière ne peut être aussi puissante à moins qu'elle soit pratiquée de façon habituelle. Les apôtres en avaient l'habitude. Les premiers disciples et apôtres virent le Seigneur le faire de manière très constante et ils en avaient pris de la graine. Et à leur tour, ils transmirent cela à la génération d'après.

Le Seigneur Jésus avait une vie de prière remplie à telle enseigne qu'il eût une période de prière. Il avait construit et très bien organisé sa vie de prière au point qu'il allait régulièrement seul, dans un lieu secret pour prier et revenir auprès de ses disciples avant le lever du soleil. Il avait fait de la prière son style. Vous ne devez vraiment pas être motivée par quelque chose avant de rentrer dans l'intimité avec le Seigneur. Lorsque les circonstances sont très défavorables, les Hommes commencent à porter une attention très particulière à leur vie de prière. Certains parmi les ouvriers du Seigneur, ne prennent d'assaut le trône de grâce qu'en cas de besoin de rendre le ministère. Ceci n'est vraiment pas une bonne façon d'être efficace dans le champ de Dieu ou tout simplement d'être efficace spirituellement. « *Et il leur dit: il est écrit: ma maison sera appelée une maison de prière. Mais vous, vous en faites une caverne de voleurs »* **(Mathieu 21: 13).**

Jésus était très atteint et furieux de voir que les gens avaient changé la nature et la vocation première du temple ou de la maison de Dieu. Il y régnait un désordre incroyable. En tant que Dieu sur la terre, il ne pouvait pas laisser les choses telles quelles. Il renversa les tables avec les bourses et ouvrit les enclos et les étages. Comprenez-vous quelque chose?

Vous comprenez que depuis la croix, vous n'avez plus besoin d'aller à Jérusalem ou à un quelconque lieu pour prier, car désormais, chacun est le temple de Dieu, la maison du Seigneur. Le Seigneur habite en vous par son Saint-Esprit. C'est vous la maison du Seigneur! Vous êtes le temple du Saint-Esprit. En tant que tel, seule la prière doit vous habiter. La prière doit remplir votre vie, vous devez être appelé, soit un homme de prière soit une femme de prière.

Suivez-moi bien, je prie que le Saint-Esprit ouvre votre intelligence sur ce que vous lirez maintenant. Nous pouvons constater que dans la Bible, dans toutes les représentations concernant la maison de l'Éternel, il y avait toujours un autel dédié à l'Éternel. « ***Et je déclare maintenant que l'autel de prière dans votre vie soit puissant, actif et fonctionnel; que cet autel dégage une odeur agréable à Dieu, au nom de Jésus!*** ».

La bible dit que constamment, il y avait du feu ou de l'encens allumé à cet autel. « ***Que le feu de l'autel de votre vie de prière soit allumé et que cet autel parle pour vous au nom de Jésus!*** ».

« Aaron y fera brûler du parfum odoriférant; il en fera brûler chaque matin, lorsqu'il préparera les lampes; il en fera brûler aussi entre les deux soirs, lorsqu'il arrangera les lampes. C'est ainsi que l'on brûlera à perpétuité du parfum devant l'Éternel parmi vos descendants. Vous n'offrirez sur l'autel ni parfum étranger, ni holocauste, ni offrande, et vous n'y répandrez aucune libation » **(Exode 30:7-9).**

Pour les besoins du chapitre, je voudrais vous épargner certaines révélations dans ces versets. Le parfum d'une bonne odeur devrait être brûlé chaque matin et même, avant que son odeur ne se dissipe, on devait encore brûler du parfum entre les deux soirs, soit généralement entre quinze heures et dix-sept heures. Ensuite, on devait attendre le lendemain matin pour reprendre l'encensement du parfum. En clair, *le parfum ne devait jamais manquer à l'autel!*

La venue de Jésus sur la terre n'a rien changé à cette loi que l'Éternel donna à Moïse. Mais plutôt, elle a accompli celle-ci et l'a rendue viable et très dynamique.

« *Quand il eut pris le livre, les quatre êtres vivants et les vingt-quatre vieillards se prosternèrent devant l'agneau, tenant chacun une harpe et des coupes d'or remplies de parfums, qui sont les prières des saints*. » **(Apocalypse 5:8).**

La symbolique du parfum, c'est la prière, la prière que nous adressons à notre Dieu par le Seigneur Jésus. Simplement, par cette loi, l'Éternel révèle au peuple que la prière ne doit jamais manquer dans leurs vies d'adorateurs. Ceci n'est pas une option, ce n'est même pas quelque chose de négociable. C'est un impératif que Dieu nous donne. Peu importe la situation dans laquelle vous vous trouverez, mauvaise ou pas; peu importe votre humeur ou votre état d'esprit, vous devez à l'Éternel son adoration. Vous devez entrer dans sa présence et lui offrir ce à quoi il a droit. À savoir: l'alléluia, l'adoration, la louange, l'amen, le pouvoir et la puissance.

Que le temps soit favorable ou pas, il a droit à son adoration! Il ne veut pas que nous cessions de l'adorer. L'Éternel nous prépare maintenant à nous joindre aux vingt-quatre vieillards et aux quatre êtres vivants qui le font déjà, en tout temps dans le ciel. Ils le font déjà pour nous en tenant les coupes.

Cette chaîne de prière et d'adoration, ne doit pas être interrompue en vue de perpétuer son adoration, *« C'est ainsi que l'on brûlera à perpétuité du parfum devant l'Éternel parmi vos descendants ». Priez! Adorez!* Vous n'avez pas besoin des occasions spéciales pour le prier et l'adorer. Vous n'avez ni besoin d'être dans de beaux jours pour entrer dans sa présence; pénétrez sa sainte présence quand c'est possible. Même si, ce n'est pas possible, efforcez-vous; soyez des hommes et des femmes de prières et allumez votre vie de prière.

Daniel priait trois fois par jour. Le chiffre trois dans les affaires bibliques représente la totalité. Et la vie de prière de Daniel était totale et complète. C'est pour cela, que l'ange Gabriel appelait Daniel, *le bien-aimé, le précieux et le considéré.*

« Puis l'homme m'a dit: « Daniel, homme considéré comme précieux... » **(Daniel 10:11)**. Que j'aime la parole de Dieu!

Le ciel reconnaissait Daniel comme l'un des leurs, à la différence qu'il se trouvait sur la terre. Est-ce que le ciel vous reconnaît? Car les bien-aimés du Seigneur ont une vie de prière totale dédiée à Dieu, l'Éternel des armées. L'Éternel seul mérite leur adoration et personne d'autre. Je veux aller encore plus loin avec vous. Il est dit *« Le feu brûlera sur l'autel, il ne s'éteindra point...»* **(Lévitique 6:13)**; *« Et le feu qui est sur l'autel y brûlera; on ne le laissera pas s'éteindre »* **(Version Darby).**

«Il ne s'éteindra point! on ne le laissera pas s'éteindre!» Votre vie de prière doit en tout temps être allumée et c'est de votre responsabilité de la maintenir allumée et fonctionnelle. Pendant que le peuple de Dieu se déplaçait avec la présence de Dieu, le feu devait rester allumé. Normalement, aucune condition ou situation ne devrait vous empêcher de toujours rester en communion parfaite avec l'Éternel par la prière. C'est pour cela, je vous dis que vous devez avoir une vie de prière constante et permanente. Par Jésus-Christ, la relation ou la communion perdue depuis le jardin d'Éden est restaurée. Vous avez un accès direct au père. Ne vous en privez pas! Jésus avait donné le modèle de Prière « le Notre Père» en disant, « *donne-nous notre pain quotidien* ». Juste pour nous rappeler que chaque jour, nous devons avoir du temps pour parler à Dieu et parler avec Dieu. Il est important de comprendre que lorsque la prière sera abondante dans votre vie, vous passerez à l'étape ***de parler avec Dieu***. Il ne sera plus question de formules de prières ou des récitations, mais plutôt, d'une véritable communion avec le père.

De plus, Jésus nous a donné plus d'une parabole, pour affirmer que nous devons toujours prier. C'est cela la constance dans la prière. Lorsque la prière n'est pas constante dans votre vie, elle finira par disparaître de votre vie. Ainsi, il est important de comprendre que, là où il n'y a pas de prière, tout est éteint.

« On ne le laissera pas s'éteindre! »

L'Éternel a dit, « *C'est ainsi que l'on brûlera à perpétuité du parfum devant l'Éternel parmi vos descendants* ». Dieu rend la prière perpétuelle ; une communion qu'il veut bien avoir avec tous ceux qui croient en lui et qui veulent bien l'adorer. Lorsque vous aurez fini de lire ce volume et le deuxième volume, vous comprendrez profondément l'importance de prier Dieu ou d'être en contact avec Dieu par la prière. C'est par la prière que Dieu nous parle; c'est par la prière que Dieu nous révèle les mystères de sa parole; par elle, nous obtenons les dons spirituels et les promesses faites par Dieu; c'est par la prière que le Saint-Esprit nous fortifie; par la prière, nous obtenons la victoire sur le malin et le péché. La liste n'est donc pas exhaustive.

Avec le Saint-Esprit, nous comprenons qu'en l'absence de la prière, tout s'arrête! Rien ne peut fonctionner sans la prière. En clair, Dieu nous maintient par la prière au nom de son fils Jésus!

Allons encore plus loin! Il est dit encore ceci : « *Vous* ***n'offrirez sur l'autel ni parfum étranger »*.**

La symbolique du parfum étant la prière, le Seigneur Dieu invite le peuple à n'adorer aucun autre dieu que lui, le vrai Dieu. Il est le seul qui mérite d'être adoré par nous. Notre prière et notre adoration doivent être seulement à l'endroit du Tout-Puissant. Il ne devrait pas se trouver de feu étranger ou du parfum étranger parmi nous. C'est ce que le seigneur appelle l'intégrité. Tous nos pères qui l'ont connu et adoré, lui ont toujours rendu grâce jusqu'à la fin de leurs Jours. Notamment Abraham, Isaac, Jacob, Joseph et Moise pour ne citer que ceux-ci.

Lorsque l'Éternel vous a gardé et protégé au point de vous élever à un certain niveau, il est très important de continuer à marcher toujours avec lui. Vous lui devez de rester fidèle. Le contraire s'appelle le manque d'intégrité, chose que l'Éternel a en horreur. Certains abandonnent l'Éternel en cours du chemin en s'alliant à d'autres dieux en vue de les prier et les adorer.

Il est très important de ne jamais oublier ceci: ***« vous n'offrirez sur l'autel ni parfum étranger ».***

Chapitre 9

La Neuvième Heure

Et l'apôtre Paul a écrit: ***(1 Thessaloniciens 5:17),*** *« Priez sans cesse »*. L'apôtre Paul ne demande pas aux chrétiens, aux disciples de Jésus, de prier vingt-quatre heures sur vingt-quatre ou de passer tout le temps à prier toute la journée ou la semaine.

Non, pas du tout. J'ai eu du mal à comprendre cela lorsque je me suis abandonné dans les flots de la prière, jusqu'à ce que l'Esprit m'amène à saisir ce que Paul voulait dire par ces mots. Par ce passage biblique, qui est l'un des plus connus de la bible, l'apôtre de Jésus, voulait bien montrer la place importante, que doit prendre la prière dans les vies et son caractère indispensable. Vous ne pouvez pas être en prière physiquement, pendant vingt-quatre heures de manière continue, car vous devez prendre soin de vous-même et de votre époux ou de votre épouse. Il est important que vous passiez du temps de qualité avec vos enfants, vos familles et avec vos amis. Vous avez certainement des charges auxquelles vous faites face et pour cela donc, vous devez travailler. Car la Bible dit que celui qui ne travaille pas ne doit pas manger, *« si quelqu'un ne veut pas travailler, qu'il ne mange pas non plus »* **(2 Thessaloniciens 3:10)**.

Pour certains, il y a les études et bien d'autres encore. Vous comprenez que cela paraît presque impossible. Par ailleurs, vous devez comprendre que l'apôtre vous invite à avoir du temps pour la prière dans votre organisation en disciplinant votre vie de prière.

« Pierre et Jean montaient ensemble au temple, à l'heure de la prière: c'était la neuvième heure » **(Actes 3:1).**

La neuvième heure était considérée comme l'heure à laquelle le peuple devait se réunir dans le temple pour prier l'Éternel. C'était l'heure de la prière. Le Seigneur Jésus s'en est allé. Devant ses disciples, il fut enlevé dans les cieux, leur promettant qu'il sera toujours avec eux. Après la pentecôte, ils se mirent à leur tour aussi à la prière. Pierre et Jean ne pouvaient donc pas manquer l'heure de la prière. À cette heure, ils avaient aussi rendez-vous avec Dieu. La prière, pour eux, était devenue un devoir et ils ne pouvaient pas manquer l'heure qui était dédiée à la prière. Cette heure faisait déjà partie de leurs habitudes.

Corneille reçut la visite de l'ange qui vint lui accorder l'exaucement de ses prières. Et ce, pendant la neuvième heure, l'heure de la prière. Cet homme ne se dérobait pas, il honorait toujours ce rendez-vous divin. « *Il y avait à Césarée un homme nommé Corneille, centenier dans la cohorte dite italienne. Cet homme était pieux et craignait Dieu, avec toute sa maison; il faisait beaucoup d'aumônes au peuple, et priait Dieu continuellement. Vers la neuvième heure du jour, il vit clairement dans une vision un ange de Dieu qui entra chez lui, et qui lui dit: Corneille! Les regards fixés sur lui, et saisi d'effroi, il répondit: qu'est-ce, Seigneur? Et l'ange lui dit: tes prières et tes aumônes sont montées devant Dieu, et il s'en est souvenu* » **(Actes 10:1-4).**

Corneille priait l'Éternel Dieu continuellement au point que, même au temps du Saint-Esprit, Dieu lui envoya un ange pour lui confirmer son exaucement. Cette parole est très puissante! L'Éternel envoya un ange au temps de l'Esprit, comme il le fit aussi au temps de Daniel, pour confirmer un exaucement. Ceci ne se faisait pas à un autre moment, mais à la neuvième heure, l'heure de la prière. Il priait Dieu et respectait son moment de prière. Et c'est ce que Paul disait par prier sans cesse.

Vous devez absolument prier et continuer de prier Dieu; donnez à Dieu des rendez-vous; choisissez dans votre quotidien, un moment qui sera pour vous, votre moment secret pour rencontrer Dieu, votre heure secrète dans un lieu secret. Quand Dieu voudra aussi vous visiter ou vous parler, il choisira certainement ce moment-là. Le plus important pour vous sera d'être constant, régulier et déterminé. Lorsque votre vie de prière sera régulière comme celle de Corneille, alors vous commencerez à faire bouger le spirituel.

Dieu pourra vous envoyer aussi un ange pour vous rassurer quant à l'exaucement de votre prière. Ne vous laissez pas submerger par les charges ordinaires et ne dites jamais que vous n'avez pas le temps. Mais plutôt, faites violence sur vous et trouvez du temps pour Dieu. Ainsi, je peux vous assurer que vous ne le regretterez pas. Choisissez votre temps, votre heure et le ciel à son tour, entérinera ce temps. Si vous voulez regarder toujours à votre emploi du temps, vous n'aurez jamais du temps, car le diable fera en sorte que vous n'ayez jamais le temps, en essayant de vous bombarder de charges et d'activités dont vous devrez vous en soucier tout le temps.

Le temps de prière pour vous doit être un moment de pur bonheur de rencontrer le roi de gloire. Prier et prier toujours. Pendant trois ans et demi de ministère, le Seigneur n'a fait que travailler pour le père. Ses journées étaient toujours chargées. Il n'avait pas le temps pour lui. Mais il faisait violence sur lui et avait réussi, à organiser son emploi du temps en fonction de sa relation avec le père par la prière. Il priait la nuit et finissait avant le lever du soleil. Dans sa nature humaine, Jésus-Christ voulait nous montrer comment procéder.

Il est important que vous reteniez ceci, ***tant que votre vie de prière n'est pas devenue constante ou régulière, il y a des hauteurs dans le spirituel que vous ne pourrez jamais atteindre***. Jésus-Christ a fini sa vie sur la terre à la croix <u>en prière</u>.

« Vers la neuvième heure, Jésus cria d'une voix forte: « Éli, Éli, lema sabactani? », ce qui veut dire: « Mon Dieu, mon Dieu, pourquoi m'as-tu abandonné? » **(Matthieu 27: 46).**

Voyez-vous, la croix, Jésus n'avait pas fait sa prière à la sixième heure ni à la septième, ni à la huitième, mais à la neuvième heure, l'heure établie pour la prière. Quelle dévotion! Il fit ceci pour nous montrer qu'il fallait toujours prier et rester constant dans la prière, quoi qu'il arrive. Ayez votre heure, vos heures de prière et vos moments de prière.

Je vais peut-être vous décevoir, car je ne saurais vous donner le moment exact pour une vie de prière efficace. Serait-ce le matin, le soir ou la nuit? Je ne saurais vous le dire. Savez-vous pourquoi? Tout simplement, parce que cela n'existe pas. Nulle part, dans les saintes Écritures, il n'est fait mention d'un temps spécial et meilleur pour la prière. Nous ne devons pas nous mettre dans le fétichisme des quarts d'heures.

Certes, certaines périodes, comme la nuit, présente de sérieux avantages. Par exemple, avoir la quiétude la nuit où vous êtes loin des bruits et des distractions. C'est aussi un sacrifice de mettre fin à son sommeil pour la prière avant le lever du soleil.

Et pour dire vrai, ceci est aussi très payant au niveau de la consécration. Il y a aussi, le fait que pour certains types de prière et pour un certain niveau de consécration, la nuit s'avère très opportune, *« En ce temps-là, Jésus se rendit sur la montagne pour prier, et il passa toute la nuit à prier Dieu »* **(Luc 6:12).**

Mais cela ne signifie absolument pas que la nuit est le moment de prière par excellence. Le plus important, c'est de vous organiser pour trouver votre heure ou votre moment idéal en fonction de votre situation actuelle: entrepreneur, salarié, étudiant, retraité, sans emploi, marié, célibataire. Aujourd'hui, dans la plupart des pays industriels comme, le Canada, les États-Unis d'Amérique, les pays d'Europe, la chine ou même quasiment partout dans le monde, nous constatons des compagnies qui fonctionnent avec trois quarts de travail. À savoir: les quarts de jour, du soir et de la nuit.

Vous conviendrez avec moi que personne ne voudra et ne pourra réserver dans son quart de travail un moment libre de tout stress pour parler à Dieu. Cela n'est pas responsable et possible, sous peine de renvoi immédiat. Aussi, une personne qui a un emploi de nuit ne pourra jamais avoir du temps en semaine pour prier la nuit. Est-ce que cela fera de cette personne, une personne qui n'aime pas la prière même si elle ne priait seulement qu'en soirée? Une autre personne qui travaille de jour, ne pourra jamais prier en journée ainsi qu'une tierce personne travaillant en soirée, qui n'aura pas aussi l'occasion de prier en soirée.

Le philosophe Blaise Pascal disait: « *vérité au-deçà des Pyrénées, erreur au-delà* ».Voyez-vous, principalement, nous ne pouvons vraiment pas parler de moment idéal, car ce qui est parfait pour vous, ne l'est pas forcément pour autrui. Surtout, vous devez savoir que le temps que vous mettez à part pour Dieu, doit être un temps pendant lequel, vous ne serez pas pressé de vous lever, ou même de penser à autre chose qu'à votre rencontre avec le Seigneur. S'efforcer de mettre du temps à part pour Dieu, c'est aussi à un sacrifice et une obéissance. Et l'Éternel saura bien apprécier cela. Faites-le et ensuite laissez le Seigneur vous rassasier et apaiser votre soif pour lui.

Un jour, un jeune homme fraîchement converti me demanda de lui montrer le secret pour bien prier et pour passer surtout, du temps de qualité dans la présence de Dieu. Je lui répondis qu'il n'y avait vraiment pas de secret pour cela. Il faut juste désirer prier et commencer à prier le Seigneur. Il est important de comprendre qu'une fois engagé dans la prière, avec un désir brûlant, le Saint-Esprit de Dieu, se fera tout le plaisir de vous tirer de jour en jour dans les eaux profondes de la prière. Ce qui changera à jamais, votre façon de voir la communion avec le père. Aujourd'hui, grâce soit rendue à Dieu, cet homme à l'instar de plusieurs comme lui, sert efficacement le Seigneur comme pasteur avec une vie de prière brûlante. Je ne vous parle pas des prières du matin ni des prières faites avant chaque repas, ni des prières faites avant de dormir. Je ne suis pas contre ce genre de prière, que je fais moi-même. Mais ici, je parle d'un moment de prière intense pendant lequel vous pouvez répandre votre âme devant le Seigneur pour lui parler et pour recevoir beaucoup de lui. ***Vous passerez de l'étape de la prière à l'étape de parler avec Dieu.***

J'aimerais bien terminer ce chapitre avec cet homme si puissant, qui avait bien compris le secret et la profondeur d'une vie de prière constante, le prophète Daniel. Il priait tout le temps et il respectait son organisation. Je vous encourage fortement à étudier son histoire. *« Lorsque Daniel sut que le décret était écrit, il se retira dans sa maison, où les fenêtres de la chambre supérieure étaient ouvertes dans la direction de Jérusalem; et trois fois le jour il se mettait à genoux, il priait, et il louait son Dieu, comme il le faisait auparavant »* **(Daniel 6:10).**

Malgré le décret d'interdiction du roi, cet homme de Dieu, Daniel, continua à faire ce qu'il avait l'habitude de faire. Le décret ne pouvait pas changer ses habitudes de prières. C'était son style, son mode de vie. La prière, pour lui, était devenue tellement automatique qu'il ne pouvait pas se soustraire, même s'il le souhaitait. C'était un véritable devoir pour lui. Quelle belle dévotion! Les cieux connaissaient le programme de Daniel, le Seigneur était informé de ses heures de rendez-vous divin. Je vous pose la question suivante: *« est-ce que l'Éternel connait votre heure ou votre moment de prière »*?

Lorsqu' il voudra vous répondre ou vous parler, il pourra certainement le faire aussi à ces heures secrètes et particulières. Qui sait? Daniel était un grand abonné aux visitations de l'ange Gabriel. L'ange Gabriel, faisait des *« allez et venir »* entre le ciel et la terre de Perse, spécialement pour le serviteur Daniel, afin de lui apporter des exaucements, des explications et de l'intelligence sur les grands sujets de l'histoire du peuple d'Israël.

Veuillez ouvrir votre esprit sur ce qui suit: savez-vous que de nos jours, dans ces temps de l'Esprit, les anges de Dieu continuent de travailler? Savez-vous que l'Éternel continue d'envoyer ses anges, les messagers? Quand votre vie de prière sera constante et intense, l'Éternel enverra certainement ses anges pour vous et pour votre prière. ***Vous ne demanderez pas la visite des anges, parce qu'ils ne sont pas vos serviteurs, mais ceux de Dieu. Vous n'adorerez pas les anges, quels que soient leurs noms, leurs rangs ou leurs fonctions, car l'adoration est réservée seulement à l'Éternel des armées, le Dieu de l'univers***.

Cependant, lorsque vous prierez le père, l'Éternel se chargera de la façon avec laquelle il voudra bien vous répondre. Il pourra aussi vous envoyer ses anges chez vous pour votre exaucement, dans un vol rapide comme fit Gabriel pour Daniel. C'est possible! Les anges de Dieu pourront aussi vous servir. Après son jeûne de quarante jours et l'épisode de la tentation dans le désert, la Bible dit que Dieu envoya les anges pour ***« servir à manger »*** à Jésus, si je peux me le permettre.

« Alors le diable le laissa. Et voici, des anges vinrent auprès de Jésus, et le servaient » **(Matthieu 4:11)**. Alléluia!

Je sais dans mon esprit qu'il y a des hommes, des femmes et de jeunes gens, à qui ce livre est destiné, parce que l'Esprit se prépare à les positionner dans la prière pour impacter des vies et des situations; pour être des instruments très puissants entre les mains de Dieu pour le compte du royaume et de l'évangile de Jésus-Christ. Il y a des personnes qui sont sur le point d'être servies par le Seigneur! ***« Que l'Esprit vous positionne et soyez servi, dans le puissant nom du Seigneur Jésus-Christ »!***

L'Éternel est sur le point de traiter avec vous; de laisser sa face luire sur vous. Très bientôt, il vous servira les réponses pour lesquelles, vous prier depuis longtemps déjà, avec abnégation. Ne vous résignez pas maintenant, continuer de prier et il vous surprendra. Daniel était tellement habitué aux visitations de l'ange au point où, c'était encore un ange que Dieu lui envoya pour fermer la gueule des lions dans la fosse.

« Mon Dieu a envoyé son ange et fermé la gueule des lions... » **(Daniel 6:22).** Cette parole est certaine et elle est sur le point de s'accomplir. Votre régularité dans la prière, va désormais déclencher un mouvement spirituel positif pour votre bien. Dites amen! Que la prière devienne un mode de vie pour

vous et ce sont les anges de Dieu qui viendront briser les verrous de fer des prisons sataniques et des limitations que le diable a mises dans votre vie.

L'apôtre Pierre, celui qui reçut la révélation sur l'identité divine de Jésus, était en prison et attendait son triste sort. Les fervents chrétiens, ces fervents disciples de Jésus, avaient prié Dieu en faveur de Pierre, comme à leur habitude et Dieu envoya un seul ange à la prison, là où Pierre se trouvait.

« Et voici, un ange du Seigneur survint, et une lumière brilla dans la prison. L'ange réveilla Pierre, en le frappant au côté, et en disant: lève-toi promptement! Les chaînes tombèrent de ses mains » **(Actes 12:7)**;

« Revenu à lui-même, Pierre dit: je vois maintenant d'une manière certaine que le Seigneur a envoyé son ange, et qu'il m'a délivré de la main d'Hérode et de tout ce que le peuple juif attendait » **(Actes 12:11).** Suivez-moi bien car je voudrais bien le répéter: ici, le Saint-Esprit était déjà descendu officiellement sur la terre. Et pourtant, le Seigneur envoya un ange pour libérer Pierre. ***Il est souverain, quitte à lui d'agir avec vous comme il veut.*** Que votre vie de prière soit régulière et intense. Organisez

votre temps pour la prière et laissez l'Éternel, le Dieu Tout-Puissant, collaborer avec vous dans le nom puissant de Jésus.

Chapitre 10

La présence de Dieu

Il y a de cela plusieurs années, en un certain lieu, je venais de prêcher l'évangile à un groupe de jeunes gens qui venaient de prendre l'engagement de donner leurs vies à Jésus christ comme Seigneur et Sauveur. Je pouvais observer sur leurs visages une belle émotion provoquée par le choix de vie, qu'ils venaient à peine de faire. Je leur demandai donc de faire avec moi, la prière d'accueil du Christ.

Quelques instants après avoir commencé à prier avec ces nouveaux frères que le Seigneur venait d'ajouter à la grande famille des chrétiens, je pouvais sentir comme une très forte présence semblable à une décharge électrique sur moi. Cette force me traversa depuis le sommet de ma tête jusqu'à la plante de mes pieds et je pouvais à peine tenir sur mes jambes. Tout à coup, des mots étranges commencèrent à sortir de ma bouche, des mots dont je n'avais aucune connaissance; je ne pouvais pas m'arrêter de parler même quand je le voulais. Je venais d'être baptisé dans le Saint-Esprit et j'étais en train de parler en langues, une expérience merveilleuse.

Je pouvais aussi constater que ces nouveaux frères ne pouvaient non plus se tenir sur leurs jambes. Ainsi, je demandai au Seigneur de faire en sorte de nous remettre fermes sur nos jambes. Je ne sais plus, si j'ai prié à haute voix ou non, tellement ce qui se passait était hors de mon contrôle. Cependant, je sais une chose: après avoir fini de prier ainsi, nous retrouvions notre état initial. Et moi, je venais d'expérimenter la présence et le toucher de Dieu par son Saint-Esprit.

Être dans la présence Dieu, ou expérimenter la présence de Dieu, c'est la plus belle chose qui puisse vous arriver. C'est une chose de savoir que Dieu est avec vous et une autre chose, de vivre sa présence au quotidien, « *L'ange lui répondit: je suis Gabriel, je me tiens devant Dieu; j'ai été envoyé pour te parler, et pour t'annoncer cette bonne nouvelle* » **(Luc 1:19)**. La présence de Dieu est un privilège et une grande bénédiction. Les êtres dans le ciel se tiennent toujours devant le Seigneur, dans sa sainte présence. C'est pour cela qu'ils sont ce que nous savons d'eux. Ainsi, Dieu nous accorde cette bénédiction d'être dans sa présence à partir de la prière. La présence de Dieu, dont je parle ici, n'est pas exclusivement réservée aux Pasteurs, aux Évangélistes, aux Docteurs (Enseignants), aux Prophètes et aux Apôtres. Mais elle est disponible pour tous les disciples de Christ, les chrétiens et pour toutes ces personnes de loin qui s'en viennent. Chaque chrétien a un accès direct à la merveilleuse présence de Dieu. Nous avons été créés pour nous tenir dans sa sainte présence et pour rester de façon permanente en communion avec Dieu. Tout a basculé quand le péché est entré dans Éden.

Depuis plus de deux mille ans, l'Éternel a restauré cette relation par l'ultime sacrifice de son bien-aimé fils, Jésus. Désormais, le pont entre Dieu et nous est rétabli et vous ne devez pas manquer l'occasion de profiter de tous les avantages de sa sainte présence par la prière. La vie du prophète Daniel et celle de ses compagnons étaient menacées à Babylone. Nebukanetsar, roi de Babylone, fit un rêve qui le tourmenta au point de demander à tous les sages de son royaume, non seulement, de lui rappeler le songe, mais de lui donner aussi l'explication qui en découlait. Voyant l'incapacité de ses sages de satisfaire sa demande, il décida de tous les tuer, y compris le prophète Daniel, puisqu'il faisait aussi partie du groupe de sages.

Daniel demanda et obtint un délai supplémentaire de la part du roi afin de revenir vers lui, avec une réponse.

« *Ensuite Daniel alla dans sa maison, et il instruisit de cette affaire Hanania, Mischaël et Azaria, ses compagnons, les engageant à implorer la miséricorde du Dieu des cieux, afin qu'on ne fît pas périr Daniel et ses compagnons avec le reste des sages de Babylone. Alors le secret fut révélé à Daniel dans une vision pendant la nuit. Et Daniel bénit le Dieu des cieux* » **(Daniel 2 : 17-18).**

Daniel avait cette habitude chez lui, celle d'implorer et d'invoquer le Tout-Puissant. La maison de Daniel était devenue un autel à partir duquel il pouvait prier. Il avait les soucis de la révélation au péril de leurs vies. La Bible ne dit pas exactement comment Daniel avait prié pendant la nuit, quels avaient été ses mots, ses paroles, ni aucune mention sur sa posture adoptée durant la prière. Mais durant la nuit, quelque chose se passa. Il reçut la double révélation. À savoir: le songe fait par le roi et son explication.

Il est important de savoir que rien, absolument rien, n'est fait par hasard. Daniel savait entrer dans la présence de Dieu et il pouvait bénéficier de la manifestation de sa présence. Dans son lieu secret, il pouvait obtenir la révélation de ce secret qui tourmentait le roi. Cette même présence de Dieu s'est manifestée et fut très appréciée quand les compagnons de Daniel furent jetés dans la fournaise ardente. Bien-aimé, la présence de Dieu est vraiment réelle! L'Éternel pouvait seulement rendre les trois compagnons de Daniel intouchables par le feu. Mais non, il était là, présent avec eux dans la fournaise ardente.

« Alors le roi Nebucadnetsar fut effrayé, et se leva précipitamment. Il prit la parole, et dit à ses conseillers: n'avons-nous pas jeté au milieu du feu trois hommes liés? Ils répondirent au roi: certainement, ô roi! Il reprit et dit: eh bien, je vois quatre hommes sans liens, qui marchent au milieu du feu, et qui n'ont point de mal; et la figure du quatrième ressemble à celle d'un fils des dieux ». **(Daniel 3:24-25).**

L'Éternel voulait que les personnes réunies y compris le roi le voient. Il avait pour projet que les gens sachent qu'il était présent aux côtés de ses adorateurs du vrai Dieu. ***Car très souvent, l'adoration devient encore puissante lorsque sa présence est effective et manifestée***. C'est ce que fit le roi Nebucadnetsar, après avoir vu l'Éternel au milieu des flammes.

« Ensuite Nebucadnetsar s'approcha de l'entrée de la fournaise ardente, et prenant la parole, il dit: Schadrac, Méschac et Abed Nego, serviteurs du Dieu suprême, sortez et venez! Et Schadrac, Méschac et Abed Nego sortirent du milieu du feu. » **(Daniel 3: 26).**

Gloire à l'Éternel, notre Dieu! Le roi Nebucadnetsar reconnut l'Éternel comme étant le Dieu Suprême, ***« serviteurs du Dieu suprême»***.

Quand la présence de Dieu est avec vous, les évènements et les circonstances concourent à votre bien et vous permettent de rendre de puissants témoignages pour sa gloire. Le problème, c'est que plusieurs ne connaissent vraiment pas l'importance de la présence de Dieu et certains ne prennent pas la peine de la chercher, de la désirer et même, de savoir comment y accéder. Vous avez nécessairement besoin de la présence de Dieu.

Trois fois par jour, Daniel non seulement priait, mais il désirait plus que toute la présence de Dieu, au point d'ouvrir sa fenêtre en direction de Jérusalem, « *Lorsque Daniel sut que le décret était écrit, il se retira dans sa maison, <u>où les fenêtres de la chambre supérieure étaient ouvertes dans la direction de Jérusalem</u>*... » **(Daniel 6: 10).**

Pourquoi en direction de Jérusalem? À l'époque, à Jérusalem, dans la ville de Dieu, se trouvait le temple ou la maison de Dieu. Dans le temple, on pouvait trouver l'arche de l'Éternel qui symbolisait la présence de l'Éternel. Et Daniel le savait. Il se connectait en esprit, mais aussi physiquement à la présence de Dieu. Il connaissait les bienfaits de la présence de Dieu. Il ouvrait ses fenêtres pour être connecté à l'arche de l'Éternel, la présence de Dieu, dans le temple à Jérusalem.

Dieu envoya Moïse pour faire sortir son peuple de l'Égypte afin de le conduire à la terre promise, Canaan. Moïse avait réussi à faire sortir le peuple sous la houlette de Dieu, avec des cris et des chants. Mais il n'avait probablement pas pensé à une libération de cette envergure. Des années en arrière, il pensait sauver ses frères Israélites en empêchant les Égyptiens de les faire souffrir. Mais cette importante mission était devenue trop grande pour lui maintenant. Alors, il a fini par dire à Dieu, à ce stade de la marche, je veux que toi-même, tu viennes avec nous, sinon je ne m'en irai pas.

« Moïse lui dit: si tu ne marches pas toi-même avec nous, ne nous fais point partir d'ici » **(Exode 33: 15).**

Il connaissait la valeur de la présence de Dieu. Il savait ce qu'elle signifie. Il avait une idée claire de la puissance de sa présence. Moïse avait vu l'Éternel, détruire le joug de Pharaon avec les dix plaies et avait aussi assisté au prodige de la mer Rouge. Mais à ce moment-là, il en voulait encore plus. Je tiens à vous dire qu'il n'y a sous le ciel, aucun organisme ou association, aussi puissante soit-elle, qui peut vous procurer la présence de Dieu. Tout l'or et l'argent de ce monde, ne peuvent pas acheter pour vous la présence de Dieu. Et Moïse connaissait cette présence.

Lors d'un sermon, je disais à des chrétiens qu'on ne peut pas prétendre avoir la présence de Dieu avec soi. Soit vous l'avez, soit vous ne l'avez pas. Elle se vit et se démontre. Le jour que vous expérimenterez la présence de Dieu avec vous, vous en voudrez encore plus, comme Moïse l'avait désirée. Au lieu de refuser la prière de Moïse, bien au contraire, l'Éternel lui disait ceci: *« L'Éternel dit à Moïse: Je ferai ce que tu me demandes, car tu as trouvé grâce à mes yeux, et je te connais par ton nom »* **(Exode 33:15).** Lorsque vous trouvez la grâce aux yeux de l'Éternel, il ne peut évidemment qu'être avec vous.

Le roi David voulait toujours la présence de Dieu. Il connaissait lui aussi la valeur de sa présence et il avait peur de la perdre comme le roi Saül. « Ne *me rejette pas loin de ta face, ne me retire pas ton esprit saint* » **(Psaumes 51:13);**

« Mon *cœur dit de ta part: Cherchez ma face! Je cherche ta face, ô Éternel! Ne me cache point ta face, ne repousse pas avec colère ton serviteur! Tu es mon secours, ne me laisses pas, ne m'abandonnes pas, Dieu de mon salut!* » **(PS 27:8-9)**.

David savait que tous les problèmes de Saül, avec sa démence occasionnelle, commencèrent le jour où l'Éternel lui retira son Esprit Saint. Il savait ce que ça coutait de perdre la présence de Dieu. Cet homme connaissait la valeur de sa présence. David, n'avait fait aucun mal ni tort au roi Saül, sinon que de tuer le géant Goliath, pour offrir la victoire au peuple de Dieu. Et pourtant, le roi Saül le craignait. Tout simplement, Saül craignait la présence de Dieu parce qu'il pouvait la sentir et la voir avec ce jeune homme, David. Saül pouvait réellement discerner que David transportait la présence de Dieu. Il n'y avait personne dans tout Israël, pour mettre un terme au règne de ce géant soldat philistin à moins que, l'Éternel des armées ne soit avec cette personne. Et le roi Saül le savait. Dès lors, non seulement il craignait pour lui et pour son héritage, mais encore plus, pour son trône.

Lorsque vous êtes baigné dans la présence Dieu, vous la transportez automatiquement avec vous quand vous vous déplacez. Les esprits mauvais et les esprits humains peuvent vous voir marcher avec et dans la présence de Dieu.

Des chevaux et des chars syriens étaient sur le point de s'attaquer au prophète Élisée parce qu'il déjouait tous leurs plans d'attaque contre Israël, avec son ministère de prophète. Ils avaient encerclé toute la ville dans laquelle se trouvait le prophète. Guéhazi, le serviteur d'Élisée, était paniqué à la vue de tous ces soldats syriens. Mais, Élisée lui dit: « *Il répondit: Ne crains point, car ceux qui sont avec nous sont en plus grand nombre que ceux qui sont avec eux. Élisée pria, et dit: Éternel, ouvre ses yeux, pour qu'il voie. Et l'Éternel ouvrit les yeux du serviteur, qui vit la montagne pleine de chevaux et de chars de feu autour d'Élisée.* » **(2 Rois 6:16-17)**.

Quelle bonne et puissante nouvelle! C'est cela et cela devrait être ainsi, quand vous avez la présence de Dieu avec vous. Oh, si l'Éternel pouvait ouvrir vos yeux! Vous ne le savez peut-être, mais c'est exactement ce qui se passe avec les enfants de Dieu qui entretiennent de façon constante, une communion parfaite avec le Seigneur par la prière tout en étant plongé dans la parole de Christ.

L'Éternel est toujours avec son peuple! La présence de Dieu est d'une valeur inestimable; vous devez la chercher et la chérir quand vous l'avez avec vous. La présence de Dieu n'empêche surtout pas les situations ou les difficultés de la vie, de venir à vous, mais elle vous donne l'assurance et la capacité de les supporter et de passer à travers celles-ci. Par le prophète Ésaïe, l'Éternel a dit: « *Si tu traverses les eaux, je serai avec toi ;*

et les fleuves, ils ne te submergeront point ; si tu marches dans le feu, tu ne te brûleras pas, et la flamme ne t'embrasera pas » **(Ésaïe 43:2).** Alléluia, il est avec vous!

Il n'a pas dit que vous ne traverserez pas; que vous ne marcherez pas. Mais il a seulement dit qu'il sera avec vous! Quand vous marcherez, vous marcherez ensemble; lorsque vous traverserez, vous le ferez à deux. Il est Tout-Puissant et sa présence est réelle; cherchez-la et lorsque vous l'aurez trouvée, ne la laissez surtout pas vous quitter.

Chapitre 11

Cultiver la présence de Dieu

Cette merveilleuse présence de Dieu se cultive. Le moyen le plus évident de bénéficier de sa présence, c'est encore la prière. Je suis désolé de vous le dire encore de cette manière. Mais si vous ne priez pas du tout, alors vous pouvez oublier la présence manifeste de Dieu. Chaque croyant chrétien doit être capable de donner du temps à Dieu par la prière. Vous devez passer de véritables moments de prière intense et d'adoration.

Il est important, voire indispensable, que vous éleviez le niveau de la consécration. Et Je voudrais insister, ne vous laissez pas distraire et amusé. Aucun bien matériel, aucune fortune ou aucun Homme, aussi charismatique qu'il soit, ne peut apporter dans votre vie la présence de Dieu. La présence de Dieu pourra venir à vous, mais il sera de votre responsabilité de la faire entrer dans votre vie et la faire demeurer avec vous. Depuis le sacrifice de Christ à Golgotha, vous avez librement le plein droit de pénétrer aussi le saint des saints.

Ici, nous avons dépassé le niveau de prières et d'adoration très faibles. Les prières faites avant de dormir les nuits et avant de sortir les matins, quoiqu'elles soient importantes et nécessaires, ne suffiront pratiquement pas pour être immergé de la présence de Dieu. Dieu veut plus que les formules de prières auxquelles vous êtes habituées. Les prières communautaires qui sont faites dans les différentes assemblées, aussi puissantes qu'elles soient quelques fois, ne pourront non plus, vous plonger dans l'immensité de sa présence. Vous devez être capable de mettre à part du temps pour Dieu. La consécration doit être à un certain niveau en faisant des *prières multipliées.*

« *Six jours après, Jésus prit avec lui Pierre, Jacques et Jean, et il les conduisit seuls à l'écart sur une haute montagne. Il fut transfiguré devant eux; ses vêtements devinrent resplendissants, et d'une telle blancheur qu'il n'est pas de foulon sur la terre qui puisse blanchir ainsi. Élie et Moïse leur apparurent, s'entretenant avec Jésus. Pierre, prenant la parole, dit à Jésus: Rabbi, il est bon que nous soyons ici; dressons trois tentes, une pour toi, une pour Moïse, et une pour Élie* » **(Matthieu 17: 1-4).**

Jésus avait l'habitude de choisir parmi les douze disciples, Pierre, Jacques et Jean pour les amener quelques fois avec lui, pour ses moments de prière. Le Seigneur Jésus avait prié jusqu'à ce que sa nature divine apparaisse, la transfiguration. Les disciples avaient aimé cette présence divine au point de vouloir y rester. Vous commencerez à aimer la présence de Dieu quand elle sera manifeste avec vous, en vous, pour vous et par vous. Elle est sans pareille!

Cependant, ce que les disciples avaient vu n'était pas le résultat de leurs propres prières, mais celles de Jésus. Jésus voulait leur donner certains enseignements sur la vie de prière. La présence de Dieu ne s'obtient absolument pas dans le sommeil et l'assoupissement. Si vous aimez fermer les yeux, alors, vous pouvez aussi oublier la présence merveilleuse de Dieu. « *Je prie pour que tout esprit d'assoupissement vous libère, au nom de Jésus »!* Soyez capable d'entrer dans la présence de Dieu et d'en sortir avec votre propre transfiguration, la transfiguration sur vous, sur votre vie, sur votre famille, sur votre maison et même sur tout ce qui est important et qui vous appartient.

Moïse sortait de la présence de Dieu avec un éclat puissant, à telle enseigne que le peuple ne pouvait pas le regarder, *« Aaron et tous les enfants d'Israël regardèrent Moïse, et voici la peau de son visage rayonnait; et ils craignaient de s'approcher de lui »* **(Exode 34:30).**

Brillez de la présence de Dieu! Que votre vie spirituelle dépende de la présence de Dieu! Brillez, au nom de Jésus!

Je voudrais vous dire quelque chose de si fort: ***à un certain moment, quand vous avez l'habitude de pénétrer la présence de Dieu, vous devenez marqué par cette présence. Vous avez comme une signature céleste avec un sceau sur vous. Vous êtes très marqué et le spirituel fait attention à vous.***

« Comme il parlait encore, une nuée lumineuse les couvrit. Et voici, une voix fit entendre de la nuée ces paroles: Celui-ci est

mon Fils bien-aimé, en qui j'ai mis toute mon affection: écoutez-le! » **(Matthieu 17: 5).** Ils étaient trois disciples: Pierre, Jacques et Jean, qui étaient physiquement présents sur cette montagne avec le Seigneur Jésus. Sans toutefois, oublier l'apparition des prophètes Moise et Élie. Soudain, ils furent couverts par la nuée qui symbolise aussi la présence de Dieu. Ni Jésus, ni les deux prophètes n'étaient réellement concernés par cette nuée, mais seulement que les trois disciples. Jésus étant déjà Dieu sur la terre et les prophètes Moïse et Elie, étant déjà aussi dans la félicité auprès du Seigneur, vous comprenez tout de suite que c'était uniquement le moment de ces trois disciples. C'était leur moment, leur rencontre spéciale avec la gloire de Dieu. Ce n'était pas pour les douze disciples, mais juste pour les trois. Le Seigneur Jésus les poussa à rencontrer l'Éternel. Il les amena sur la montagne qui représente la prière, pour qu'il pénètre la gloire de la présence de Dieu représentée ici par la nuée.

C'est seulement dans la prière et aussi par la prière que vous pouvez faire l'expérience de sa présence. Laissez-vous guider par le Saint-Esprit et acceptez son invitation à la prière pour que la présence de Dieu vous couvre. Lorsque vous atteindrez un certain niveau de consécration, la nuée, la gloire, vous couvrira. « *Celui-ci est mon Fils bien-aimé, en qui j'ai mis toute mon affection: écoutez-le!* » Alléluia! Cette parole, qui sortit de la bouche de Dieu dans cette nuée, n'était destinée ni à Jésus ni aux deux prophètes. Mais elle était plutôt destinée aux disciples qui étaient présents. L'Éternel n'avait pas parlé dans le vide. Il voulait parler aux disciples qui devaient être plus tard, des témoins efficaces pour l'avancement du royaume. Et pour cela, ils avaient besoin d'une parole, d'une révélation, d'une vision, d'une rencontre spéciale. On pourrait dire qu'ils étaient là, au bon moment et au bon endroit. Mais rien de tout cela n'était un hasard, car il n'y a pas de hasard avec Dieu.

Le Seigneur Jésus n'avait pas besoin d'entendre « *Celui-ci est mon Fils bien-aimé, en qui j'ai mis toute mon affection: écoutez-le!* », sinon les trois disciples; Elie et Moïse non plus, n'avaient pas besoin d'entendre « *Celui-ci est mon Fils bien-aimé, en qui j'ai mis toute mon affection: écoutez-le!* », sinon les trois disciples. C'était un rendez-vous, leur rendez-vous, le rendez-vous des trois disciples avec la gloire de Dieu. Est-ce que vous comprenez quelque chose? Une chose est sûre, vous avez besoin d'entendre la voix de Dieu. Il n'y a qu'une parole précise qui peut venir impacter votre vie, votre appel ou votre ministère.

C'est la vie de prière qui peut vous ouvrir à la présence de Dieu. Les gens vous verront marcher, œuvrer ou vivre, sans toutefois savoir que vous avez reçu cette parole précise ou cette révélation, pour vivre ce que vous serez en train de vivre. Mais ils auront l'intelligence, pour comprendre que quelque chose de divin s'est produit avec vous. Il très important d'aimer la sainte présence de Dieu. Côtoyez-la, appréciez-la, chérissez-la et vous ne serez point déçu. L'assurance avec laquelle vous marcherez sera à un autre niveau.

Jésus avait encore pris avec lui, les trois disciples pour l'accompagner dans le jardin de Gethsémané. C'était une nuit ultime, une nuit au cours de laquelle, la vie de l'humanité se jouait. Une nuit pendant laquelle, les puissances de l'enfer devaient se réjouir, pour juste une courte durée. C'était une grande nuit que l'Éternel Dieu et la plupart des prophètes avaient prédite. Ce jour-là, Jésus avait besoin d'un soutien indéfectible et le Seigneur comptait ardemment sur ces trois fidèles compagnons. **Mais ils dormaient!** « *Et il vint vers les disciples, qu'il trouva endormis, et il dit à Pierre: vous n'avez donc pu veiller une heure avec moi!* » **(Mathieu 26:40)**. Le Seigneur Jésus fut très étonné et déçu que ses disciples n'aient pas pu veiller « ***au moins une heure*** » avec lui. Ils avaient été témoins de l'efficacité de sa vie de prière pendant trois ans et demi et de la nuit glorieuse de la transfiguration. Cependant, ils n'étaient toujours pas capables de prier une heure avec lui!

Bien-aimé, le temps n'est plus aux yeux appesantis. Il n'est plus question de rester dans sa zone de confort; il est temps de passer du temps dans la présence de Dieu et de passer à l'autre bord. Et mieux, apprendre à passer du temps de qualité dans sa présence pour ensuite bénéficier de ses pleins potentiels. Je ne vous donnerai pas le nombre d'heures exact qu'il faut passer dans la présence de Dieu.

Mais je crois à mon humble avis, tout comme le Seigneur Jésus que, si vous n'êtes pas prêt et capable d'aller au-delà d'une heure dans la présence de Dieu, si vous n'êtes pas prêt à sacrifier, ne serait-ce qu'une heure de votre temps dans sa sainte présence, vous pouvez alors définitivement et complètement oublier la consécration. Il n'est plus question d'entrer dans sa présence et d'être pressé de la quitter. Pendant que vous êtes dans sa présence, votre esprit est distrait et vous pensez à sortir pour faire autre chose. À part le fait que vous vous mettez à prier lorsque vous devez entreprendre quelque chose, vous devez plus apprendre à passer de véritables moments de soupirs et d'adoration dans sa présence. Soyez passionné pour la présence de Dieu!

David voulait tellement sa présence au point de vouloir habiter dans la maison de l'Éternel jusqu'à la fin de ses jours, « *Oui, le bonheur et la grâce m'accompagneront tous les jours de ma vie, et j'habiterai dans la maison de l'Éternel jusqu'à la fin de mes jours* » **(Psaumes 23 : 6).**

Voyez-vous, il y a des croyants chrétiens, qui peuvent passer de longues périodes sans véritablement avoir du temps à passer dans la présence de Dieu et qui attendent uniquement les jours de grands rassemblements pour prier. Je ne sais pas depuis quand vous n'avez pas eu un temps d'intimité dans sa présence. Mais laissez-moi vous dire que dans sa présence, vous trouverez de la nourriture pour votre âme.

Dans le passé, le peuple de Dieu ne pouvait pas se déplacer de territoire en territoire sans l'arche de Dieu, qui représentait la présence de Dieu, « *David et toute la maison d'Israël faisaient monter l'arche de l'Éternel avec des cris de joie et au son des trompettes* » **(2 Samuel 6:15)**. David connaissait la valeur de sa présence et pouvait l'apprécier. La présence de Dieu avec vous, c'est votre vie qui est bénie avec tout ce qui vous appartient. L'arche de l'Éternel qui représentait la présence de Dieu, avait été déplacée dans la maison d'Obed-Édom pour un temps et le résultat fut extraordinaire, « *Et on rapporta au roi David, en disant : L'Éternel a béni la maison d'Obed-Édom et tout ce qui est à lui, à cause de l'arche de Dieu. Et David alla, et fit monter l'arche de Dieu de la maison d'Obed-Édom dans la ville de David, avec joie* » **(2 Samuel 6 :12)**.

Et l'Éternel exigeait que l'arche soit transportée. En clair, l'Éternel Dieu voulait lui aussi être avec le peuple et dans le peuple. Si le roi David voulait rester dans la maison de Dieu, c'était exactement à cause de l'arche de l'Éternel qui s'y trouvait. Mais aujourd'hui, par le sang de l'agneau, vous êtes vous-même, devenu le temple de Dieu. Que c'est merveilleux! Il est important que vous pensiez à vous organiser et à être sérieux tout en portant un réel intérêt à sa présence; et demeurez-y au temps de fois que vous le voulez. L'apôtre Pierre était devenu une autre personne, un autre apôtre. Après l'effusion du Saint-Esprit, il fut transformé d'un être vacillant en une véritable personne inébranlable. Il n'arrivait pas à veiller et prier au moins une heure avec Jésus. Mais depuis, il pouvait prier et veiller au point de donner des conseils sur la veille, « *Soyez sobres, veillez. Votre adversaire, le diable, rôde comme un lion rugissant, cherchant qui il dévorera* » **(1 Pierre 5:8).**

Il est dit que l'ombre de Pierre guérissait les malades, « *en sorte qu'on apportait les malades dans les rues et qu'on les plaçait sur des lits et des couchettes, afin que, lorsque Pierre passerait, son ombre au moins couvrît quelqu'un d'eux. La multitude accourait aussi des villes voisines à Jérusalem, amenant des malades et des gens tourmentés par des esprits impurs; et tous étaient guéris*». **(Actes 5 :15-16)**. En réalité, ce n'était pas son ombre, mais plutôt la présence de Dieu avec lui. L'Éternel se manifestait sous cette forme en opérant ces guérisons, parce que Pierre avait appris à aimer sa présence qui était devenue très réelle pour lui. Pierre, l'apôtre de Jésus-Christ, transportait littéralement la présence de Dieu.

Après une bonne journée de ministère bien rempli, Jésus et les siens firent escale dans la famille de Lazare, son ami. Quoi de plus normal, de prendre un très bon repas pour reprendre des forces et faire le plein d'énergie pour un prochain départ. Ce à quoi, Marthe, la sœur de Lazare s'affairait. Mais le Seigneur trouva que c'était plutôt l'autre sœur, Marie, qui avait trouvé la bonne part. « *Marthe, occupée à divers soins domestiques, survint et dit: Seigneur, cela ne te fait-il rien que ma sœur me laisse seule pour servir ? Dis-lui donc de m'aider. Le Seigneur lui répondit: Marthe, Marthe, tu t'inquiètes et tu t'agites pour beaucoup de choses. Une seule chose est nécessaire. Marie a choisi la bonne part, qui ne lui sera point ôtée* » **(Luc 10:40-42).** C'est cela la vérité. Marie avait choisi d'être physiquement auprès de Jésus, dans sa présence, pour écouter et s'abreuver de toutes les paroles qui sortaient de sa bouche.

Aimez la présence de Dieu et cultivez-la dans votre vie! Car dans sa présence, vous recevez la force de surmonter les tentations; le Saint-Esprit vient vous accorder des délivrances et des victoires personnelles pour que vous soyez fort; vous recevez des révélations pour continuer à marcher avec lui. Plus vous êtes dans sa présence, plus il vous protège. J'ai tellement de choses à vous dire sur sa sainte présence afin que vous compreniez que vous pouvez y entrer et demeurer. Peu importe votre part dans l'œuvre, peu importe qui vous êtes et peu importe le ministère que vous avez reçu, vous avez besoin d'être continuellement dans la présence de Dieu. Cultivez sa présence et avancez!

La chose pour laquelle, les esprits mauvais et le diable vous combattront toujours, c'est la présence de Dieu dans votre vie. Ils essaieront de vous empêcher de rester dans sa présence. Depuis sa rébellion dans le ciel, Dieu a chassé Lucifer et sa suite de sa sainte présence. Ils n'ont plus accès à la présence de Dieu et ont perdu tous les privilèges qui en découlent. Le diable sait que lorsque vous apprendrez à aimer et à comprendre la nécessité de la présence de Dieu, ce sera terminé son pouvoir sur votre vie et dans votre vie.

En vérité, c'est grâce à la présence de Dieu que nous avons tout le pouvoir sur l'ennemi, dans le nom de Jésus. De la manière, la présence de Dieu était constamment avec le peuple dans le désert au travers de la nuée et du feu, qui lui permit de marcher pendant quarante années, c'est de cette même manière, vous pouvez mener une longue marche chrétienne forte, rassurante, équilibrée et victorieuse avec la présence Dieu aujourd'hui. *« L'Éternel allait devant eux, le jour dans une colonne de nuée pour les guider dans leur chemin, et la nuit dans une colonne de feu pour les éclairer, afin qu'ils marchassent jour et nuit »* **(Exode 13:21).** Le diable a réussi à pousser Adam et Ève hors du jardin d'Éden, hors de la présence de Dieu par le péché. Depuis que cette présence est disponible partout sur la terre et pour tout le monde par le sacrifice de Jésus à la croix, il travaille pour nous en priver aussi. Cultiver et continuer de cultiver la présence de Dieu!

Josué, le serviteur de Moïse

Je termine ici, ce merveilleux chapitre. Cependant, je vous invite à ouvrir votre esprit sur ces dernières lignes, que vous êtes sur le point de lire. Au soir de sa vie, Dieu annonça à Moïse sa limite dans ce merveilleux et long voyage. L'Éternel indiqua qu'il choisira Josué, fils de Nun à sa place. Souvent, nous pensons que c'est par grâce que Josué a succédé à Moïse. Rien de tout cela est vrai.

Pendant tout le temps, depuis la sortie de l'Égypte, quand Moïse se rendait à la montagne, à la rencontre de l'Éternel, il amenait souvent avec lui, Josué son serviteur, *« L'Éternel dit à Moïse: «Monte vers moi sur la montagne et restes-y. Je te donnerai des tables de pierre, la loi et le commandement que j'ai écrits pour les enseigner. » Moïse se leva avec son assistant Josué et commença à gravir la montagne de Dieu »* **(Exode 24:12-13).**

Il n'est plus fait mention de Josué qui a gravi la montagne de Dieu avec Moïse jusqu'à ce que Moïse finisse de passer quarante jours et nuits avec l'Éternel et qu'il descende. Mais il est dit clairement que *« Moïse se leva avec son assistant Josué et commença à gravir la montagne de Dieu »*. Josué aussi était sur la montagne de l'Éternel! Quand l'Éternel s'entretenait avec Moïse sur la montagne, Josué son serviteur, se trouvait là aussi sur la montagne et pouvait aussi bénéficier de cette présence, *«C'est comme l'huile précieuse qui, répandue sur la tête, descend sur la barbe, sur la barbe d'Aaron, qui descend sur le bord de ses vêtements »* **(Psaumes 133: 2).**

Josué n'était resté ni avec Aaron et Hur, ni avec Nadab et Abihu, ni avec les soixante-dix anciens d'Israël. Il était aussi sur la montagne de l'Éternel! *« après avoir dit aux anciens: « Attendez-nous ici jusqu'à notre retour. Aaron et Hour restent avec vous ; si quelqu'un a un problème à régler, qu'il s'adresse à eux. »* **(Exode 24: 14).** Lorsque la gloire de Dieu avait recouvert toute la montagne, Josué y était. Lorsque la merveilleuse présence de l'Éternel envahissait et sanctifiait toute la montagne, Josué s'y trouvait. L'Éternel savait que cet homme était là, présent sur la montagne accompagnant son serviteur Moïse. Veuillez bien ouvrir l'esprit. Moïse a fait quarante jours et quarante nuits de jeûne, la première fois sur la montagne. À votre avis, que faisait Josué aussi sur la montagne? Comprenez-vous ce que vous lisez actuellement? *« Que le Saint-Esprit ouvre votre esprit maintenant »!*

Une autre fois, Moïse avait encore fait quarante jours et quarante nuits sur la montagne pour demander pardon à Dieu pour le péché du peuple et pour recevoir de nouvelles tables. Mais cette fois-là, Dieu ne permit à personne d'autre d'être sur la montagne avec Moïse, *« Que personne ne monte avec toi, et que personne ne paraisse sur toute la montagne; et même que ni brebis ni bœufs ne paissent près de cette montagne »* **(Exode 34:3)**. Ainsi donc, L'Éternel savait très bien que cet homme était aussi là, la première fois sur la montagne avec Moïse, son serviteur. Josué était visiblement aussi dans la présence de Dieu dans le secret sur la montagne. Il se familiarisait avec la présence de Dieu; il côtoyait déjà la présence de Dieu et sa gloire; il s'abreuvait de la présence de Dieu aussi sur la montagne. Étant aussi sur la montagne probablement en retrait, ***il savait déjà ce que ça coutait d'obtenir la présence de Dieu, le prix à payer***.

Cela, lui a valu déjà de gravir la montagne de l'Éternel et aussi la privation de nourriture. Tandis que son maître Moïse payait *officiellement* le prix au sommet de la montagne, Josué payait *officieusement* le prix sur la montagne. Suivez-moi très bien: *vous avez besoin plus que jamais, d'être dans le secret avec Dieu, pour Dieu et de laisser sa présence travailler pour vous.* Vous devez l'aimer, la désirer, la chercher et vous consacrer. Le reste sera l'affaire de Dieu. Vous pouvez être un ministre de Dieu, peu importe le ministère que vous exercez, quels que soient les dons de l'esprit que vous avez, une seule chose demeure importante et indispensable, c'est la présence de Dieu dans le secret.

« ***Que le feu du Saint-Esprit de Dieu vous embrase et vous propulse dans sa présence! Recevez l'onction qui vient de Dieu****»!* Il n'est jamais venu à l'esprit de Josué, de prendre la place de Moïse. Mais plutôt, il avait profondément de l'intérêt

pour le Dieu de son maître, l'Éternel des armées. Josué avait déjà l'onction fraîche sur sa vie et dans sa vie, dans le secret sur la montagne de Dieu. Il avait appris à aimer la présence de Dieu quand il accompagnait son maître. Sans Dieu, Josué ne serait même pas capable de rester tout ce temps aussi sur la montagne à attendre le retour de Moïse. La force que reçut Moïse pour faire ces quarante jours de jeûne sur la montagne dans la présence de Dieu, Josué aussi l'avait reçue.

J'aime très fortement ce qui suit: « *Tout le peuple voyait la colonne de nuée qui s'arrêtait à l'entrée de la tente, tout le peuple se levait et se prosternait à l'entrée de sa tente. L'Éternel parlait avec Moïse face à face, comme un homme parle à son ami. Puis Moïse retournait au camp; mais son jeune serviteur, Josué, fils de Nun, ne sortait pas du milieu de la tente* » **(Exode 33: 10-12).**

« *Que la puissance de la prière vous envahisse entièrement! Que tout ce qui est mort dans votre vie ressuscite maintenant! Que le bras du Tout-Puissant soit sur votre vie et dans votre vie! Relevez-vous et allez encore plus loin* »!

Moïse avait fini de parler avec Dieu comme on parle à un ami et il sortit de la tente. Mais Josué était resté dans la tente d'assignation. J'aime très particulièrement cette importante révélation. Cependant, je ne sais pas comment vous l'écrire. « ***Que le Saint-Esprit m'aide et recevez ce que l'Esprit veut pour vous»!***

L'Éternel n'avait pas renvoyé ni chassé Josué de la tente. Et la nuée non plus, n'avait disparu après la rencontre avec Moïse. Elle était restée intacte, comme au moment où Moïse y entrait pour parler avec Dieu. Comprenez ceci, l'Éternel ne vous résistera pas ni ne vous refusera jamais, si vous vous engagez à entrer dans sa présence. Il prendra même plaisir à cela. Josué était-il mort ? Non, car il est question de lui dans la suite. Peut-être que, Dieu lui avait donné la mort et ressuscité après, parce qu'il avait osé rester dans la tente d'assignation, là où l'Éternel parlait bouche-à-bouche avec Moïse. Il était resté seul dans la tente! Josué aimait la présence de Dieu. Il était déjà familier à cette présence depuis la montagne. Les écritures ne disent pas expressément pendant combien de temps, il était resté dans la tente, dans la nuée, qui symbolisait la présence de Dieu. Moïse, était le seul à être autorisé officiellement à entrer dans la nuée. Mais Josué était toujours là, dans la nuée, dans la présence de Dieu, même après que Moïse soit sorti. Josué y resta jusqu'à ce que l'Éternel n'y soit plus et que la nuée disparaisse. Josué était entré dans la source de Moïse; Josué avait bu aussi de la source de Moise. L'Éternel avait-il aussi parlé «bouche à bouche» avec Josué comme à un ami? Josué avait-il aussi vu le dos et les pieds de l'Éternel? Ceci est plus fort que moi. ***« Recevez la puissante de Dieu »!***

L'Éternel, lui avait-il parlé de quelque chose en particulier dans la tente? Avait-il reçu un don ou une force quelconque de Dieu? Nous ne le saurons jamais, à moins de bien lire entre les lignes l'histoire et le parcours de Josué qui sont remplis de plusieurs mystères. ***Mais le choix de Dieu pour Josué, de remplacer Moïse était évident et pas fortuit.***

Loin de moi l'idée de mettre sur le même pied d'égalité Moïse et Josué. Cela n'est pas possible et ce n'est pas du tout le but. Je voudrais juste vous montrer l'exemple d'une personne qui aimait Dieu et qui était aussi passionnée par la présence du Dieu que servait son maître. C'était quelqu'un qui avait reçu l'Esprit et l'intelligence pour aimer et apprécier, la qualité de temps, que passait son maître dans la présence de son Dieu. Je prie que, *vous qui lisez ce livre maintenant, vous deveniez un Josué!*

Je voudrais bien que vous saisissiez qu'en matière de consécration, nous ne pouvons pas et ne devons pas parler de grâce. Il y a forcément un prix à payer, payer le prix dans la présence de Dieu. Josué a eu le temps de payer ce prix.

Le Seigneur Jésus amenait Pierre, Jacques et Jean avec lui à la montagne tandis que Moïse amenait avec lui, Josué à la montagne. *Que celui qui a l'intelligence comprenne ce que dit l'Esprit ici aujourd'hui.*

Chapitre 12

Le poids spirituel

Vous ne pouvez vraiment pas exercer la pleine autorité spirituelle, si votre poids dans le spirituel est très faible. J'aimerais faire rapidement la précision suivante avant de poursuivre: je ne parle pas de combien de livres ou kilogrammes, vous faites lorsque vous montez sur une balance. le poids spirituel n'a absolument rien à avoir avec la quantité de biens matériels que vous possédez; encore moins avec la quantité de tous vos avoirs bancaires ou même le nombre de personnes qui vous suivent dans votre parcours biblique.

Il n'existe pas forcément de relation, entre la taille de l'assemblée ou de l'organisation dont vous avez la charge et votre poids spirituel. Il n'est rien de tout ceci, par rapport au poids spirituel que je traite dans ce chapitre.

« Le Seigneur dit: Simon, Simon, Satan vous a réclamés, pour vous cribler comme le froment. Mais j'ai prié pour toi, afin que ta foi ne défaille point; et toi, quand tu seras converti, affermis tes frères » **(Luc 22:31).**

L'ennemi tente chaque jour et à chaque instant de vous déboulonner depuis le jour, vous avez fait la paix avec le Seigneur Jésus, en le recevant dans votre vie comme sauveur et maître. Ayant une idée de votre vie et souvent une meilleure connaissance que vous en avez de vous-même, il se sert de vos faiblesses et de vos limites pour parvenir à ses fins. Il utilise des stratégies et des moyens, pas du tout commodes. Ainsi, il s'est fait le défi de vous pousser coûte que coûte hors du véritable chemin.

J'ai eu l'occasion de visiter certaines forêts et veuillez très sérieusement noter que, dans ces forêts, vous trouverez qu'il existe des arbres et des arbustes. Très souvent, les arbustes sont très faciles à déterrer. Ce qui n'est effectivement pas le cas avec certains gros et grands arbres; ces arbres sont très robustes et fortifiés. J'ai déjà vu des arbres avec environ un mètre et demi de diamètre et ils sont très impressionnants. Lorsque vous voulez vous intéresser de très près à ces arbres, vous vous rendez compte que leurs racines sont profondément enfouies dans le sol, à des distances à perdre de vue. Elles sont si enfouies, qu'on croirait impossible de les déraciner. Toute personne ou tout objet qui se jetterait sur ces arbres pourrait se causer de sérieux dommages physiques. Quand viennent de véritables puissantes tempêtes ou tornades qui sévissent dans les régions, ce sont très souvent, ces grands et gros arbres qui restent toujours après les désastres.

Vous devez être à l'image de ces grands et puissants arbres des forêts. Votre foi dans le Seigneur doit être profondément enracinée en lui afin de tirer les nutriments nécessaires à votre croissance spirituelle et à votre édification. Notamment, une vie de prière appuyée par moments, par le jeûne peut vous rendre robuste spirituellement, sans oublier la nourriture par excellence qui est la parole de Dieu.

Il y a ce que je dis souvent, en ce qui concerne la parole de Dieu: lorsque vous vous engagez dans la prière et que la prière est intégrée à votre discipline spirituelle, forcément le Saint-Esprit de Dieu, vous conduira toujours vers la parole de Dieu, qui est la nourriture des hommes, des femmes et des jeunes gens faits et indéboulonnables.

Vous avez besoin d'être fort et solide spirituellement, *«Pour vous, bien-aimés, vous édifiant vous-mêmes sur votre très sainte foi, et priant par le Saint-Esprit »* **(Jude 20).** C'est la prière qui peut vous bâtir; c'est elle qui peut vous donner d'avoir du poids dans le spirituel. Je ne fais pas allusion aux supplications dont parle le livre d'Éphésiens. Mais il est question à ce niveau de vous construire spirituellement. Il est important de savoir que, lorsque vous avez une bonne consistance spirituelle, vous gagnez indiscutablement d'avance les batailles spirituelles. Votre poids spirituel est pour vous qui marchez avec le Seigneur, une garantie dans la marche chrétienne. Car vous avez en tout temps un ennemi qui rôde comme un lion très affamé, cherchant qui dévorer *« Soyez sobres, veillez. Votre adversaire, le diable, rôde comme un lion rugissant, cherchant qui il dévorera »* **(1Pierre 5:8).** Sachez-le, si le Seigneur connaît votre poids spirituel, l'ennemi et les démons chercheront aussi à avoir une idée de votre poids parce qu'ils sont des esprits et des imitateurs. « *C'est pourquoi il a envoyé cette extrémité de main qui a tracé cette écriture. Voici l'écriture qui a été tracée: compté, compté, pesé, et divisé. Et voici l'explication de ces mots. Compté: Dieu a compté ton règne, et y a mis fin.* ***Pesé****: Tu as été pesé dans la balance, et tu as été trouvé léger. Divisé: Ton royaume sera divisé, et donne aux Mèdes et aux Perses* » **(Daniel 5: 24-28)** .

L'Éternel avait pesé Belschatsar et il s'était trouvé léger dans la balance de Dieu. Vous connaissez certainement la suite. En réalité, il n'y a vraiment pas de bénéfices dans le fait d'avoir un poids léger. Il y a plusieurs chrétiens, qui vivent au quotidien avec un poids léger et qui ne s'en préoccupent vraiment pas. Pour les amateurs de la boxe, quel que soit le genre, il y a des catégories de sportifs. Notamment les catégories poids léger, poids moyen et lourd pour ce que nous savons. Il ne sera pas possible pour un sportif de catégorie poids léger, de combattre contre un sportif de catégorie poids lourd. Il va sans dire, que cela ne sera pas conventionnel et loyal, étant donné la différence de poids et de catégorie. Si par extraordinaire, cela devrait se produire, vous comprendriez que l'un des sportifs serait très désavantagé à cause de son poids. Il essuierait de violents coups de poing et de terribles uppercuts de son adversaire au poids lourd. Hélas, c'est ce qui se passe dans le domaine spirituel.

À cause du niveau de leurs poids spirituels, plusieurs d'entre les chrétiens sont emportés par tous vents de doctrines; ils ne peuvent pas éteindre les traits enflammés du malin et même prendre une position offensive et d'agressivité contre les forces de ténèbres. Je n'ai pas encore vu, un boxeur étant toujours en course, négliger ses entraînements et son régime alimentaire. Un tel boxeur n'oubliera pas ses séances de jogging en dehors des salles d'entraînement.

Cependant, je vous dis ceci: ce n'est pas une finalité d'avoir un poids léger parce qu'à partir d'aujourd'hui, vous pouvez améliorer votre poids spirituel. Vous pouvez y arriver aussi avec des habitudes et des exercices spirituels. C'est encore, entre autres, par la prière et le jeûne accompagnés de la parole de Dieu. C'est lorsque vous serez fort et solide que vous pourrez exercer une pleine autorité sur toutes les forces du mal.

« Personne ne peut entrer dans la maison d'un homme fort et piller ses biens, sans avoir auparavant lié cet homme fort; alors il pillera sa maison » **(Marc 3: 27).** Vous comprenez qu'il

est ici question de la maison d'un homme fort; de piller les biens de cet homme fort et de lier ensuite cet homme fort.

En vérité, il vous sera impossible de faire tout ceci, si vous n'êtes pas plus fort que cet homme fort! Assurez-vous d'être aussi fort avant d'essayer de prendre les biens de cet homme fort; assurez-vous très sérieusement d'être aussi fort avant même d'essayer de pénétrer simplement le territoire de cet homme fort. Vous devez être fort spirituellement avec un poids spirituel qui suit. C'est la communion avec le Père par la prière en Jésus-Christ, qui vous rendra si fort. Plus vous vous approchez de Dieu dans la prière, plus le Saint-Esprit de Jésus vous tirera et vous fera entrer dans les profondeurs de Dieu pour vous abreuver. De là, vous pourrez croître comme un palmier ou comme un arbre qui est planté près d'un courant d'eau.

Lorsqu'un arbre a ses racines bien enfouies dans la terre, il est possible pour cet arbre d'aller tirer plus loin les sels minéraux pour sa croissance; cet arbre ne se soucie plus de la saison, qu'il neige ou pas, pour se nourrir. Il en a assez sous terre pour sa croissance et sa nourriture. Vous devenez un ***« Chrétien-Toute saison »***. C'est ainsi avec la prière. Lorsque le Saint-Esprit est avec vous dans la prière, vous n'attendez plus que les temps soient bons ou pas, vous savez qu'il vous arrose continuellement et qu'il s'occupe de vous. De l'eau vive jaillira de vous pour que vous aussi, vous puissiez arroser d'autres vies pour la gloire de Dieu. La question du poids spirituel n'est pas réservée qu'aux dirigeants d'Église, aux responsables ou même aux ministres de Dieu, mais à tout le peuple de Dieu ou à tous les membres du corps de Christ. Il est très important que vous cherchiez à peser lourd dans la balance de Dieu par la prière et le jeûne, soutenus par la parole de Dieu. ***Vous pouvez être juste un disciple du Seigneur dans le champ de Dieu, sans aucun titre ministériel et vous retrouver très lourd spirituellement***. Je sais de quoi il est question. Le poids spirituel n'est pas ce que certains croient.

Si vous ne vous jetez pas dans les eaux de la prière, en y veillant avec une entière persévérance, vous pèserez très léger comme une feuille. Qui que vous soyez et quoi que vous fassiez pour l'œuvre de Dieu, vous devez impérativement être fort et lourd spirituellement. J'apprécie très fortement, la prière et l'intercession en faveur des uns et des autres. Cependant, cela ne doit en aucun cas, vous exempter de l'édification personnelle. S'édifier personnellement, vous mettra à l'abri et vous permettra de tenir bon, lorsque la prière faite par les uns et les autres pour vous, connaîtra une défaillance. Il est très important d'être lourd spirituellement! Voulez-vous, aligner des victoires spirituelles? Voulez-vous, allez plus loin avec le Seigneur? Refusez-vous que votre vie et votre croissance spirituelles soient jonchées de nombreuses déceptions et défaites? Si vous répondez par l'affirmative, alors faites ce qu'il faut pour que l'Éternel écrive avec son doigt ceci à votre sujet: ***« tu as été pesé et tu as été trouvé lourd ».***

Ne fais pas tomber Goliath qui veut, mais qui peut. Sinon, quelqu'un d'autre l'aurait fait avant le quarantième jour. Pourquoi personne dans l'armée d'Israël, y compris le roi Saül, ne pouvait-il pas affronter l'orgueil des Philistins, c'est-à-dire Goliath ? Ils étaient tous apeurés à l'idée de le voir et de l'entendre, les insulter et les maudire. Il fallait être plus fort que Goliath pour l'affronter. Et cet homme n'était pas dans le rang de tous ces soldats d'Israël, qui s'étaient rassemblés pendant quarante jours sur le champ de bataille. Certainement qu'ils s'étaient mis depuis le premier jour, à chercher un tel homme capable d'affronter cet homme fort, *« Le peuple répéta les mêmes choses en précisant: «Voilà comment l'on agira pour celui qui le tuera.»* **(1 Samuel 17 :27).**

Et voici que survint David! David savait qu'il était fort. Mais apparemment, il n'avait pas l'allure qui suivait. Je veux que vous compreniez ceci: ***contentez-vous, d'être fort dans le secret de la présence de Dieu par la prière et le jeûne et laissez Dieu vous utiliser à sa façon comme dans un cas pareil.*** Ne vous préoccupez pas de ce que les gens ne vous connaissent pas, ou que votre nom n'ait pas de notoriété dans le physique. Mais travaillez pour que Dieu vous trouve plutôt lourd dans sa balance. Pour l'ennemi, vous serez un élément dangereux et pour Dieu, vous serez un instrument puissant et utile. Le jeune David savait qu'il était plus fort que Goliath et qu'il pouvait l'affronter tout seul sans problème. Il avait vécu de fortes expériences étant tout seul dans la brousse en gardant ses brebis. Notamment, la défense de son troupeau contre les lions, les ours et les bêtes sauvages.

Nous savons tous du reste, qu'il est impossible pour un être humain d'affronter à mains nues, un lion ou un ours et de s'en sortir vivant. Cependant, dans le secret de la brousse, tout seul avec l'Éternel des armées, David a pu réaliser ces exploits. L'Esprit de l'Éternel, agissant en lui, sur lui et par lui, lui permit d'être plus fort et de prendre le dessus sur ces cruels prédateurs.

Personne dans tout Israël, ne savait toutes ces expériences vécues par David. Tous les soldats de l'armée d'Israël ignoraient les grands exploits du jeune David, y compris le roi Saül. Mais à ce quarantième jour, tout le peuple d'Israël avait su et reconnu la bravoure salvatrice de David, au point de scander que Saül n'avait tué que mille et David dix mille. Le poids spirituel du jeune David venait d'être révélé au grand jour.

Contentez-vous de vous entraîner en secret dans la présence de Dieu par la prière, appuyée par des moments de jeûne tout en veillant à la méditation de la parole de Dieu. Et laissez l'Éternel se manifester par vous et avec vous au moment opportun pour l'avancement du royaume. Ainsi, vous pourrez efficacement et pleinement exercer votre autorité spirituelle quand les situations viendront à vous.

En réalité, sans exercices et de véritables entraînements spirituels, vous n'arriverez jamais à être fort spirituellement. Vous n'avez pas le choix de vous y conformer, si vous désirez avancer plus loin dans la marche chrétienne tout en pesant lourd dans la balance de Dieu.

Chapitre 13

Conseils pratiques sur la Prière

Dans le même style et la même forme comme dans le cas du jeûne, le Seigneur Jésus-Christ donne aussi clairement, les mêmes instructions quant à la manière de prier. Pour le Seigneur, ces deux sujets à savoir le jeûne et la prière, ont la même valeur, la même importance surtout qu'ils permettent à chaque disciple de christ de se présenter devant le trône de grâce.

« Lorsque vous priez, ne soyez pas comme les hypocrites, qui aiment à prier debout dans les synagogues et aux coins des rues, pour être vus des hommes. Je vous le dis en vérité, ils reçoivent leur récompense. Mais quand tu pries, entres dans ta chambre, fermes ta porte, et prie ton Père qui est là dans le lieu

secret; et ton Père, qui voit dans le secret, te le rendra » **(Matthieu 6: 5-6).**

Ces conseils que vous êtes sur le point de lire ne sont pas exhaustifs et sont donnés dans le but de vous aider à avoir, une autre vue concernant la pratique de la prière. Le Seigneur Jésus a pris le temps pour enseigner comment prier en donnant un modèle de prière, « Le Notre Père », avec plusieurs autres paraboles, pour inviter les uns et les autres à s'adonner à la prière sans relâchement. Nous n'avons donc pas d'autre choix que de pratiquer la prière. Surtout, lorsque nous essayons de contempler tous les bienfaits de la prière dans la vie des hommes et femmes dans la parole de Dieu, nous ne pouvons que prendre la parfaite décision, de nous jeter dans les eaux de la prière. Par la suite, vous pourrez vous laisser emporter dans tous les sens par les vagues de la prière.

Vous constaterez que j'utilise les expressions « *vagues et eaux de la prière* », juste parce qu'après avoir démarré avec la prière, le Saint-Esprit vous amènera en profondeur dans la présence de Dieu pour que vous soyez immergé et marqué. Il vous fera découvrir la tangibilité de l'existence et de la bonté de notre Dieu. C'est pourquoi je crois que vous avez besoin d'être conduit, pas à pas avec le Saint-Esprit. Si c'est maintenant que vous voulez faire cette expérience, ces conseils pourront vous être très utiles. Aussi, si vous y êtes déjà, ils pourront vous guider dans les profondeurs de la prière.

Conseil numéro 1 - il faut aspirer à la prière.

Du mot grec Oregomai, aspirer veut dire s'étendre dans le but de toucher ou d'atteindre quelque chose. C'est désirer quelque chose; mieux, c'est désirer ardemment. Ici, il n'est pas question de juste vouloir quelque chose, mais plutôt de le vouloir au point de tout mettre en œuvre pour le posséder. L'apôtre Paul a dit, « *Aspirez aux dons les meilleurs. Et je vais encore vous montrer une voie par excellence.* » **(1Corinthiens 12:31).** Paul invite les chrétiens à rechercher et à désirer ardemment, les dons de l'Esprit. Je l'ai dit plus haut, vu son importance, la prière apparaît comme étant le meilleur de tous les dons que Dieu a mis à notre disposition.

Il va de soi que chaque chrétien désire aussi ardemment la prière. Il est important de chercher à être en parfaite union avec le Seigneur par la prière. Vous devez penser prière même si vous ne savez pas comment prier. Il faut que votre être entier soit focalisé sur le Seigneur. Dites au fond de vous:

- *« si seulement je sais et je peux, je prierais le Seigneur tout le temps ».*

- *« Seigneur, je veux être plus près de toi; je veux ta présence! ».*

Lorsque vous êtes chez vous ou lorsque vous êtes à votre lieu de travail, partout où vous vous trouvez dites à votre esprit, *je veux vraiment prier.* Il faut qu'au fond de vous, votre esprit soit en train de s'organiser pour chercher comment pouvoir demeurer dans la présence de Dieu. À ce niveau, vous êtes en mode prière, mais par des soupirs; vous invitez le Saint-Esprit à venir vous tenir la main dans cette aventure qui va bientôt démarrer. Dites au Saint-Esprit, ceci: *« je veux vraiment prier; aide-moi à m'approcher du père au nom de jésus ».*

Conseil numéro 2 - soyez vous-même

Dieu vous a fait en une seule copie et il n'y a pas une autre version de vous qui existe. Vous êtes la seule version originale que Dieu a faite. Il est important de ne pas chercher à ressembler à une autre personne quand vous voulez vous engager dans la prière. Ne cherchez pas à vouloir prier comme X ou Y; ne désirez surtout pas, à avoir le style de prière d'une autre personne que vous connaissez certainement; loin de vous l'idée d'avoir une voix grave, rauque ou aiguë, qui pour vous, semble être le baromètre d'un homme ou d'une femme de prière. Vous devez oublier le fait d'avoir un style rapide ou lent en paroles. Tous ces stéréotypes ne doivent pas vous impacter. Peu importe l'état de votre voix, votre niveau d'éducation, la richesse de votre vocabulaire, que vous parliez lentement ou rapidement, que vous bégayiez ou pas, vous pouvez vous aussi, vous engager dans la prière.

Conseil numéro 3 - votre lieu secret

Lorsque je parle de lieu secret, je veux juste vous amener à garder à l'esprit, l'idée d'intimité avec Dieu. C'est l'endroit, où vous implorez le Seigneur pendant des moments. Lorsque vous vous engagez sérieusement à entrer dans ce lieu, même le Seigneur saura d'avance que vous voudrez le prier. C'est un endroit qui doit respirer la quiétude. Étant donné la qualité de ce que vous voulez faire, vous n'avez sûrement pas besoin que quelque chose vienne vous déranger. C'est votre moment et vous devez en profiter au maximum. Quand j'étais plus jeune, en famille, j'avais un problème de lieu secret. Je suis issue d'une famille nombreuse et vous pouvez comprendre bien évidemment qu'il était difficile pour moi, de trouver un lieu secret surtout que le manque d'espace à cet effet était sérieux. J'avais trouvé une stratégie. Dans la soirée, je me mettais tôt au lit, pour me réveiller aux environs de trois heures du matin, parfois quatre heures du matin, pour utiliser soit la cuisine (c'était une aire fermée) soit la salle de bain qui était aussi fermée et indépendante.

J'ai été seul pendant longtemps à utiliser ces espaces à ces heures stratégiques et cela m'a permis d'avoir pour moi un lieu où je pouvais parler avec le père. C'était difficile de se lever à trois ou quatre heures du matin, mais c'est cela aussi le sacrifice. Cela a beaucoup contribué à mon édification d'homme de prière. Chacun a ses réalités d'espace. Regardez bien autour de vous dans votre environnement, regardez aussi votre emploi du temps et votre occupation et trouvez-vous un lieu secret, votre lieu secret. Vous ne le regretterez jamais. Dans le futur, si ce n'est pas encore le cas, vous découvrirez un autre type de lieu secret:

votre cœur. Lorsque vous arriverez à ce stade de lieu secret qui est ***« votre cœur »***, cela sera très puissant. Car partout où vous serez peu importe la nature de l'endroit, votre pensée ou votre esprit, sera toujours connecté à l'Éternel afin de lui parler à volonté.

Conseil numéro 4 - soyez pur!

« *Non, la main de l'Éternel n'est pas trop courte pour sauver, ni son oreille trop dure pour entendre. Mais ce sont vos crimes qui mettent une séparation entre vous et votre Dieu; ce sont vos péchés qui vous cachent sa face et l'empêchent de vous écouter. Car vos mains sont souillées de sang et vos doigts de crimes; vos lèvres profèrent le mensonge, votre langue fait entendre l'iniquité.* » **(Ésaïe 59:1-3)**;

« *Je veux donc que les hommes prient en tout lieu, en élevant des mains pures, sans colère ni mauvaises pensées.* » **(1 Timothée 2:8)**.

Selon l'apôtre Paul et Ésaïe le prophète, vous devez être pur quand vous entrez dans la présence de Dieu. Vous voulez bien l'adorer, le magnifier et même, lui faire part de vos requêtes, mais vous ne devez pas mettre la charrue avant les bœufs. Juste pour dire que vous devez d'abord lui avouer vos péchés et vos fautes. N'ayez surtout pas honte de lui ouvrir votre cœur, car le sang de Jésus a été versé pour cela. Il est important que vous reteniez ceci: ***le sang de Jésus lave tous vos péchés quand vous les avouez à Dieu.*** Dans sa présence, lorsque vous avez confessé vos péchés, en ayant pris sérieusement l'engagement de vous en détourner, soyez fortement rassuré, car il vous a pardonné. C'est là, toute la beauté dans la relation avec Dieu.

Vous entrez dans sa présence et vous repartez pardonné et lavé. Ceci, faites-le, chaque fois que vous entrez dans sa présence, en demandant l'aide au Saint-Esprit dans votre vie afin de ne pas pécher contre le père. C'est aussi la mission du Saint-Esprit, c'est à dire « *il vous conduira* ».

Il est important de ne pas laisser la place au doute et à la culpabilité au sujet de vos fautes, péchés confessés et pardonnés. Ceci est très déterminant pour la suite, car le doute et la culpabilité vous éloignent de Dieu. Ne cédez jamais à l'ennemi. L'Éternel pardonne vraiment! Le sang de Jésus versé à la croix vous assure, non seulement la victoire, mais aussi permet à Dieu de ne pas se détourner de vous; le sang de Jésus vous met très à l'aise dans la présence de Dieu, sans oublier qu'il incline le cœur de Dieu sur vous, permettant à Dieu de porter une attention particulière à la raison qui vous pousse dans sa sainte présence.

Après avoir répandu votre âme et après avoir confessé vos péchés à Dieu, tout en croyant de tout votre cœur qu'il vous a pardonné, il est important que vous couvriez votre corps, votre âme et votre esprit avec le sang de Jésus; réclamez que le sang de Jésus vous purifie de tous vos péchés et fautes (péchés et fautes connus et inconnus). Le sang de Jésus vous purifiant, vous rend propre devant Dieu et agréable à regarder; vos fautes deviennent blanches comme la neige et pures comme la laine.

« *Venez et plaidons! dit l'Éternel. Si vos péchés sont comme le cramoisi, ils deviendront blancs comme la neige; s'ils sont rouges comme la pourpre, ils deviendront comme la laine* » **(Ésaïe 1:18).**

Dès cet instant, vous êtes dans la légalité de vous tenir dans sa sainte présence. Cette étape, pour moi, est la plus importante et vous ne devez pas la négliger. C'est la base même de la prière, car vous ne pouvez pas l'adorer, le magnifier, lui présenter vos requêtes, entrer dans l'intercession et encore plus, chasser les démons, si vous êtes impur et non qualifié.

Conseil numéro 5 - le temps

Je me souviens la première fois, lorsque je me suis engagé sérieusement à la prière. Je crois qu'au bout de vingt-cinq minutes déjà, mes mâchoires étaient très en feu et ma gorge était très sèche comme si, je n'avais pas bu de liquides de toute la journée. Au-delà de ceci, je me sentais épuisé et par la même occasion, libéré d'avoir accompli un devoir. Vous n'avez certainement pas eu à connaître une sensation similaire ou vous n'aurez peut-être pas à connaître cela, mais je suis d'accord, sur le fait que les débuts n'ont jamais été faciles.

Il est important, de ne pas commencer votre vie de prière par une fixation sur le nombre de minutes ou d'heures faites dans la présence de Dieu, au risque de vous laisser emporter par la frustration. La prière, est avant tout, un moment de pur bonheur dans la présence de Dieu et ne doit pas être une corvée surtout que, vous n'êtes vraiment pas rémunéré à l'heure. Vous pouvez commencer à votre rythme, selon vos capacités et laissez la suite au Saint-Esprit de Dieu. Vous ne devez pas chercher à battre des records de durée pour des statistiques. La vie de prière est comme un marathon et pour cela, vous devez avoir du souffle et de l'endurance plutôt que la rapidité. Vous êtes dans votre lieu secret et vous n'avez donc pas besoin de prouver quoi que ce soit à autrui. Le Seigneur connaît votre cœur et vos dispositions. Le plus important au début, c'est d'être constant et régulier dans la prière.

Si vous êtes capable de faire quinze minutes au début, faites-le. Quelque temps après, vous pourrez passer à vingt-cinq minutes et ainsi de suite. C'est la sincérité de votre cœur et la régularité, qui importent dans la présence de Dieu. Au fur et à mesure, que vous entrerez dans la présence de Dieu, le Saint-Esprit, vous conduira à aimer davantage sa présence tout en déposant dans votre cœur, des fardeaux que vous pourrez présenter à Dieu en vue d'exaucements effectifs.

Le fait de ne pas passer une, deux ou trois heures dans la présence de Dieu au début, tandis que d'autres en font déjà, ne fait pas de vous, quelqu'un qui n'aime pas Dieu. Vous allez à votre rythme et très vite, vous prendrez du plaisir à rester dans sa présence avec de la matière. Je vous donne une anecdote. Des années en arrière, je dirigeais un groupe de prière dans lequel se trouvait un bien-aimé frère. Il n'arrivait pas à rester dans la présence de Dieu plus de vingt minutes. Au-delà de vingt minutes, soit il s'en dormait, soit il se fâchait publiquement avec moi. À une soirée d'intercession, pendant que j'allais à fond dans la prière, il s'est énervé et a commencé à m'insulter du fait de mon endurance. Il avait même, failli me porter les mains. Après cela, il quittait les lieux. Aujourd'hui, cet homme sert Dieu comme pasteur avec un amour pour la prière.

Vous pouvez même constater la prière dans le son de sa voix. Je ris, je bénis Dieu et je suis dans le bonheur, chaque fois que j'ai l'occasion de l'entendre prêcher, notamment sur la prière. Je sais que vous serez vous aussi, soit un homme de prière, soit une femme de prière. Dites amen très fortement!

Conseil numéro 6: Adoration - Louange

Adoration : L'adoration simplement, est un ensemble de considérations lorsque nous sommes ou marchons avec Dieu. Je voudrais juste parler de la prière d'adoration. C'est honorer Dieu pour ce qu'il est, pour ce qu'il représente pour vous et pour ce que la bible dit qu'il est. Vous reconnaissez que c'est lui votre source et la source de tout ce qui vous appartient.

Exemple de prière d'adoration:

« Éternel, tu es le Dieu tout puissant, tu es le soleil et le rempart de ma vie, tu es mon rocher protecteur et le pourvoyeur de ma vie, c'est toi ma justice et c'est toi mon juge et mon avocat; que ton nom soit glorifié à jamais » **(ma prière formulée)**;

« Éternel, mon rocher, ma forteresse, mon libérateur! Mon Dieu, mon rocher, où je trouve un abri! Mon bouclier, la force qui me sauve, ma haute retraite! » **(Psaumes 18:2).**

Louange : En général, dans la pratique de la prière, nous pouvons aussi utiliser le terme d'action de grâces lorsque nous parlons de louange. Souvent les deux termes sont utilisés pour dire la même chose. C'est à dire, dire ou énumérer les bienfaits du Seigneur tout en le remerciant pour tout ce qu'il a fait, ou pour chaque situation dans laquelle, il est intervenu.

« Par lui, offrons sans cesse à Dieu un sacrifice de louange, c'est-à-dire le fruit de lèvres qui confessent son nom »

(Hébreux 13:15); *« Et les vingt-quatre vieillards, qui étaient assis devant Dieu sur leurs trônes, se prosternèrent sur leurs faces, et ils adorèrent Dieu, en disant: Nous te rendons grâces, Seigneur Dieu tout puissant, qui est, et qui était, de ce que, car tu as saisi ta grande puissance et pris possession de ton règne »* **(apocalypse 11:16-17).**

Lorsque vous êtes à fond dans la louange ou les actions de grâces, la joie du Seigneur vous inonde toujours parce que vous savez que vous avez quelqu'un là-haut, dans les cieux, sur qui vous pouvez compter quoi qu'il arrive sur le chemin. En clair, le fait d'abonder dans les actions de grâces, c'est être reconnaissant à Dieu pour tout.

Ainsi, l'adoration et la louange ou les actions de grâces ne doivent jamais manquer dans vos moments de prière lorsque vous vous trouvez dans votre lieu secret. Après avoir fini de réclamer le Précieux Sang de Jésus pour votre purification, vous commencerez la prière d'adoration et les actions de grâces. Avec cette attitude d'adoration et d'actions Grâces, l'écoute du Seigneur est favorable à votre moment de prière car il siège dans la louange. Peu importe l'endroit où vous vous trouvez, élevez le Seigneur tout en le remerciant, pour tout ce qu'il a fait et continue de faire pour vous, bien avant de lui faire part de vos requêtes.

Exemple d'action de grâces ou de louange

« Je te célèbre de tout mon cœur, je chante tes louanges en la présence de Dieu; je me prosterne dans ton saint temple, et je célèbre ton nom, à cause de ta bonté et de ta fidélité, car ta renommée s'est accrue par l'accomplissement de tes promesses; le jour où je t'ai invoqué, tu m'as exaucé, tu m'as rassuré, tu as fortifié mon âme » **(Psaumes 137:1-3).**

« Quand je marche au milieu de la détresse, tu me rends la vie, tu étends ta main sur la colère de mes ennemis et ta droite me sauve la vie » **(Psaumes 137:7).**

Conseil numéro 7 - le moment de la prière

À propos, il y a une question qui revient tout le temps lorsqu'on veut échanger avec moi sur la prière. À savoir: quel est le moment idéal pour une vie de prière impactant les vies? En réalité, il n'existe pas de moments spéciaux pour la prière. Prier pendant la nuit ne fait pas de vous une véritable personne de la prière. Prier également le matin ou l'après-midi, ne fait pas de vous automatiquement une personne de prière. Ne soyez pas très dur envers vous-même, car votre réalité n'est pas celle des autres. Dieu n'a pas établi un moment spécial pour la prière, sinon le Seigneur Jésus, nous l'aurait dit ouvertement. Les emplois du temps, les occupations et les statuts matrimoniaux sont différents les uns des autres. Bien évidemment, vous ne pouvez pas avoir les mêmes moments de prières. Le plus important, c'est d'entrer en toute quiétude dans votre lieu secret. Soyez flexible et organisez-vous à trouver du temps pour Dieu dans votre emploi du temps.

Lorsque vos conditions de vie changent, ne dites pas que vous n'avez pas le temps pour Dieu, mais changez aussi votre temps pour le lieu secret. Lorsque vous étiez sans emploi par exemple, vous aviez du temps pour prier longtemps les matins ou les nuits. Ayant obtenu un emploi, vous ne pouvez peut-être plus prier ainsi. Mais les habitudes ne doivent pas changer. C'est à ce moment que vous pouvez changer votre moment de prière en fonction de votre nouvel emploi. Ceci est aussi valable pour le changement de votre statut matrimonial et pour tout ce qui se passe dans votre vie. Votre nouvelle situation ne devrait en aucun cas changer vos habitudes dans le lieu secret. Adaptez-vous!

<u>Conseil numéro 8</u> - position de prière

Je voudrais vous le dire clairement, il n'existe pas aussi dans la bible une posture adoptée spécialement quand vous voulez prier l'Éternel des armées. Dans la bible, concernant les adorateurs de Dieu, certains se sont assis, prosternés, couchés tandis que d'autres étaient debout, marchant, ou arrêtés sans toutefois oublier les mains levées vers le ciel.

Vous pouvez adopter la position que vous sentez au moment donné et aussi vous tenir dans la présence de Dieu en fonction du type de prière que vous souhaitez. Par exemple, quand il s'agit de confesser à Dieu les péchés et les fautes en vue du pardon divin, généralement, on préfère se prosterner, s'incliner ou se mettre à genoux pour montrer à Dieu notre humilité, notre désolation et notre brisement.

N'empêche que pour ce cas d'espèce, certaines personnes très sérieusement se couchent devant l'Éternel, comme le roi David aimait le faire, «*David pria Dieu pour l'enfant, et jeûna;*

et quand il rentra, il passa la nuit couché par terre » **(2 Samuel 12:16).**

Tandis que certaines personnes se tiennent debout pour engager les combats spirituels, d'autres se tiennent debout, pour adorer et louer le Seigneur, comme le faisait le roi Salomon, *« Salomon se plaça devant l'autel de l'Éternel, en face de toute l'assemblée d'Israël. Il étendit ses mains vers le ciel, et il dit »* **(1 Rois 8:22a).**

Ce n'est donc pas parce que vous priez debout, que vous ne soyez pas en train d'adorer correctement Dieu, contrairement à celui qui se couche ou qui se met à genoux. Quelques-uns voudront bien adorer le Seigneur à genoux, mais la condition de leurs os ne leur permettra pas de le faire. Si ces personnes adoptent la position assise, comme Néhémie pour parler à Dieu, elles ne seraient pas irrespectueuses d'être assises dans la présence de Dieu, *« Lorsque j'entendis ces choses, je m'assis, je pleurai, et je fus plusieurs jours dans la désolation* **(Néhémie 1:4)** ».

Peu importe la position que vous adopterez, il faut que votre corps soit en phase avec votre cœur et votre esprit pour apporter à l'Éternel, toute l'adoration qu'il mérite en esprit et en vérité.

Conseil numéro 9 - fermer les yeux

Au début, lors des cultes rendus à Dieu, vous vous demandiez pourquoi il fallait toujours fermer les yeux. Certains parmi nous, pensaient que les dirigeants manigançaient des choses et qu'il fallait donc absolument avoir les yeux ouverts pour tout suivre de près. Mais rien de tout cela. En réalité, c'est dans le but d'empêcher le peuple d'être distrait, car dans la présence de Dieu, vous devez être dans de bonnes dispositions pour recevoir de Dieu.

Certes, Dieu dans sa puissance peut vous toucher même les yeux ouverts et il en a déjà fait. Mais avoir les yeux fermés dans les assemblées, tout comme dans votre lieu secret, c'est prendre toutes les dispositions, afin de tirer profit de chaque moment passé dans sa présence. Avec le temps, quand vous vous trouverez capable d'adorer l'Éternel les yeux ouverts sans être distrait, vous pourrez vous y mettre. Il est très important de comprendre que vous ne devez pas laisser quoi que ce soit, venir vous distraire au risque de perdre du temps dans sa présence.

<u>Conseil numéro 10</u> - écoutez l'Esprit de Dieu

Il est très important que vous portiez encore plus une attention particulière à ce dernier conseil dans ce chapitre. Si vous apprenez à écouter la voix de l'Esprit, votre vie de prière connaîtra une ascendance.

« La lampe de Dieu n'était pas encore éteinte, et Samuel était couché dans le temple de l'Éternel, où était l'arche de Dieu. Alors l'Éternel appela Samuel. Il répondit: me voici! Et il courut vers Éli, et dit: me voici, car tu m'as appelé. Éli répondit: je n'ai point appelé; retourne te coucher. Et il alla se coucher.

L'Éternel appela de nouveau Samuel. Et Samuel se leva, alla vers Éli, et dit: me voici, car tu m'as appelé. Éli répondit: je n'ai point appelé, mon fils, retourne te coucher. Samuel ne connaissait pas encore l'Éternel, et la parole de l'Éternel ne lui avait pas encore été révélée. L'Éternel appela de nouveau Samuel, pour la troisième fois. Et Samuel se leva, alla vers Éli, et dit: me voici, car tu m'as appelé. Éli comprit que c'était l'Éternel qui appelait l'enfant et il dit à Samuel: va, couche-toi; et si l'on t'appelle, tu diras: parle, Éternel, car ton serviteur écoute. Et Samuel alla se coucher à sa place» **(1 Samuel 3:3-8).**

Aujourd'hui, l'Éternel continue de parler. Lorsqu'on sait écouter le Saint-Esprit, on peut aller loin dans la vie de prière. Le jeune homme Samuel, devenu le premier juge d'Israël, était non seulement dans le temple, mais couché près de l'arche de Dieu qui représentait la présence de Dieu dans le temple. Il ne savait pas et ne pouvait pas reconnaître la voix de Dieu, car Dieu ne lui avait jamais parlé auparavant.

Lorsque vous serez seul dans votre lieu secret avec l'Éternel, il tentera aussi de vous parler. Ne vous en faites pas, car au fur et à mesure que vous serez régulier dans sa présence, il fera en sorte que vous reconnaissiez sa voix, car il n'y a plus d'Éli de nos jours pour vous conseiller, sinon son Esprit Saint.

Avec la constance dans la prière, il développera un point de contact avec vous par son Esprit, pour que vous sachiez que c'est lui et qu'il est présent avec vous. Des jours arriveront, que vous ayez prévu de prier ou pas, il vous demandera de prier tout en déposant des sujets ainsi que des fardeaux dans votre cœur. Ne lui résistez pas! Pendant des nuits, il pourra vous réveiller pour prier. Il ne sera pas juste question pour vous d'aller à la salle de bain mais plutôt de prier. Lorsque vous ferez un rêve qui dérangera votre esprit, il vous réveillera en vue de prier en conséquence. Ne vous défilez pas.

Peu importe l'endroit, où vous vous trouverez, quand il vous murmura à l'esprit de prier par des soupirs, prêtez bien une attention particulière à cela. Il y aura certains jours, vous vous engagerez dans la prière, pour quelques sujets qui vous tiendront à cœur, mais le Saint-Esprit, vous mettra à cœur de plutôt prier pour certains autres sujets imprévus ou inconnus par vous.

En clair, tous les sujets pour lesquels le Saint-Esprit vous conduira à de différents moments, dans la prière, sont appelés prières inspirées. Ces prières ont toujours des exaucements garantis à cent pour cent, car elles sont poussées par le Seigneur lui-même, au travers de son Esprit Saint.

Chapitre 14

Conseils pratiques sur le jeûne

Lorsque le Seigneur Jésus a aussi pris le temps pour parler du jeûne, comme il en a parlé de la prière, vous ne pouvez pas négliger cette instruction. Comme je l'ai dit, le jeûne est une réelle abstinence de nourriture pour des questions d'ordre spirituel. Même si dans la bible, nous avons des cas où des personnes se sont privées aussi d'eau, n'en demeure pas moins, que le jeûne est avant tout une privation de nourriture.

Je voudrais être plus simple dans ce chapitre pour que les conseils soient à votre portée. Nous avons plusieurs de types de jeûne dans la bible. Certains trouveront quatre tandis que d'autres vous parleront de cinq, six ou sept types de jeûne faits par le peuple ou des serviteurs de Dieu. Le but de ces conseils non exhaustifs, c'est de vous aider à entrer dans un jeûne et d'en tirer tous les bénéfices, quel que soit son type.

Conseil numéro 1 -préparez- vous.

Quoique ce soit le corps ou la chair qui est concernée dans cette affliction, vous avez affaire à une œuvre spirituelle. Ainsi, vous devez très sérieusement vous préparer moralement, mais aussi spirituellement. Il est important que vous confiiez le jeûne que vous êtes sur le point de faire au Seigneur. Confiez-lui le jour au préalable, la durée et aussi le type de jeûne que vous voulez entreprendre; demandez-lui son soutien dans cet exercice spirituel.

Vous pouvez annoncer au ciel que vous serez en jeûne. Bien plus, vous devez comprendre que tout ce qui est spirituel doit être confié à Dieu. Aussi, vous ne devez pas oublier qu'il sera difficile d'engager votre corps dans cette affliction. Alors, vous devez créer les conditions qui vous éviteront au maximum la tentation de la nourriture et des mondanités.

Conseil numéro 2 - à votre rythme

Il est important de souligner que vous n'êtes pas en compétition avec une tierce personne. C'est votre corps, c'est votre relation spirituelle et c'est votre moment. La première fois j'ai jeûné, j'avais commencé le jeûne, juste à mon réveil le matin et j'avais prévu le rompre à dix-huit heures au soir du même jour, comme certains le faisaient déjà. Figurez-vous, j'ai rompu le jeûne à douze heures tellement c'était difficile pour moi de continuer.

Si vous n'avez jamais jeûné, ou si vous l'avez fait il y a très longtemps, vous devez avoir votre rythme. Faites d'abord ce que vous pouvez faire, afin que votre corps prenne le temps de s'habituer. Vous pouvez commencer un jeûne et le finir par exemple à douze heures, treize heures ou quatorze heures. Par la suite, vous pourrez faire le jeûne d'un soir ou le jeûne d'une journée, généralement ainsi désigné, pour finir à dix-huit heures, « *Tous les enfants d'Israël et tout le peuple et vinrent à Béthel; ils pleurèrent et restèrent là devant l'Éternel, ils jeûnèrent en ce jour jusqu'au soir, et ils offrirent des holocaustes et des sacrifices d'actions de grâces devant l'Éternel* » **(Juges 20:26).**

Vous ne pouvez pas débuter un jeûne pour la première fois et faire un jour, ou deux jours sans manger. Cela vous fera souffrir. Et bien entendu, au lieu de profiter des bienfaits du jeûne, inévitablement vous n'essuierez que des frustrations. N'acceptez jamais qu'un jeûne vous soit imposé si vous ne pouvez pas tenir le niveau. Cela vous évitera de faire un sacrifice avec des murmures et des plaintes à n'en point finir. Ce qui ne sera pas bénéfique pour vous. Ne jeûnez donc pas pour zéro résultat.

Conseil numéro 3 - la pureté

« Voici, vous jeûnez pour disputer et vous quereller, pour frapper méchamment du poing; vous ne jeûnez pas comme le veut ce jour, pour que votre voix soit entendue en haut...Si tu vois un homme nu, couvre-le et ne te détourne pas de ton semblable » **(Ésaïe 58:4-7).**

Peu importe, le type de jeûne que vous envisagez de faire, vous devez comprendre que, c'est avant tout un sacrifice, qui nécessite que vous y aller tout comme il faut, selon ce que Dieu désire.

Vous ne pouvez pas faire ce sacrifice et par la même occasion le détruire avant même qu'il ne soit terminé. Vous ne pouvez pas être dans le jeûne et être en colère contre une tierce personne ou vous mettre dans un état de nervosité et de méchanceté; vous ne pouvez pas être dans le jeûne et injurier, calomnier ou même avoir de mauvaises pensées qui sont des péchés devant Dieu.

Vos pensées doivent être pures ce jour-là. C'est ce jour que vous avez particulièrement choisi, pour vous approcher du Seigneur. Vous ne devez pas être fâché avec votre épouse ou époux, vos enfants, vos employés ou collègues. En clair, faire ou continuer de faire un jeûne dans ces états, vous empêchera absolument d'obtenir ce pour quoi vous jeûnez.

C'est pour cela que plusieurs personnes peuvent trouver que le jeûne est inefficace et commencent à se plaindre comme le fit le peuple, *« Que nous sert de jeûner, si tu ne le vois pas? De mortifier notre âme, si tu n'y as point égard? - Voici, le jour de votre jeûne, vous vous livrez à vos penchants et vous traitez durement tous vos mercenaires »* **(Ésaïe 58:3).**

Le jeûne est toujours efficace, mais c'est la manière de le faire et les conditions dans lesquelles vous vous trouvez, qui font toute la différence. Vous ne recevez rien parce que vous ne remplissez pas les conditions. Certains font le jeûne dans le seul but de pouvoir raconter à leurs compatriotes qu'ils ont réalisé un tel exploit en jeûnant, d'où le péché de l'orgueil.

Que le jour de jeûne pour vous, soit un jour d'humilité devant Dieu et de pureté de votre cœur. C'est seulement à ce prix que votre jeûne, quel que soit son type, sera agréé par Dieu.

Conseil numéro 4 - la prière dans le jeûne

Si vous n'êtes pas prêt à prier ou si vous êtes sûr de ne pas avoir le temps pendant le jeûne pour prier l'Éternel, alors vous pouvez oublier le jeûne. Ne jeûner que lorsque vous savez que vous aurez du temps à consacrer à la prière. Car sans la prière, le jeûne devient juste une privation volontaire de nourriture, une perte de temps et une torture.

« Mais quand tu jeûnes, parfumes ta tête et laves ton visage, afin de ne pas montrer aux hommes que tu jeûnes, mais à ton Père qui est là dans le lieu secret; et ton Père, qui voit dans le secret, te le rendra » **(Matthieu 6:17-18).** Le lieu secret est fait pour la prière, pour parler à Dieu et parler avec Dieu. Et Jésus dit, lorsque vous jeûnez, vous restez dans le secret

et votre père qui voit dans le secret vous le rendra. En un mot, ***lorsque vous jeûnez, vous priez aussi et votre père vous le rendra.*** Plusieurs font le jeûne pour les mêmes raisons depuis des années sans résultats parce que très souvent, la prière n'accompagne pas leurs moments de jeûne. Vous ne pouvez pas jeûner et vous promener dans la ville faisant vos activités habituelles sans mettre sérieusement du temps à part, pour rencontrer Dieu dans la prière et continuer avec vos penchants.

Si d'aventure quelque chose vous empêchera de prier, alors, il serait préférable de pas ne jeûner. Il est important de s'assurer d'avoir du temps pour la prière avant de commencer le jeûne. Il ne sert à rien de jeûner en passant la journée en dehors de la présence de Dieu et de juste prier avant de rompre le jeûne. Le jeûne perd de son essence quand il n'y a pas de prière. Le jeûne est fait pour être seulement dans la présence de Dieu. Rien ne presse, il faut juste vous organiser pour faire votre jeûne avec la prière. C'est votre moment d'humilité!

Le temps n'est plus à faire des sacrifices comme le jeûne, inutilement si vous voulez voir la main de Dieu. La recherche de la face de Dieu vaut mieux que les sacrifices. Si vous n'avez pas le temps en semaine à consacrer à la prière, alors jeûner en week-end lorsque vous aurez du temps pour la prière. La vérité est que, il vaut mieux faire le jeûne d'un soir avec une bonne dose de prières dans la présence de Dieu, que de faire un jeûne de quarante jours sans prières abondantes. Chaque moment de jeûne est un jour mis à part. Ce jour a des caractéristiques telles que l'humilité, l'approche de Dieu, la prière, etc.

« Vous ne jeûnez pas comme le veut ce jour », vous devez réunir les caractéristiques de ce jour, jour de jeûne et respecter aussi ses principes. Vous ne pouvez pas jeûner et continuer avec vos loisirs habituels tels que, les jacasseries, les réseaux sociaux, les plaisanteries, la télé, les commérages, etc. Ne vous étonnez donc pas si les résultats ne sont pas présents.

Conseil numéro 5 - Par la conviction

J'avais déjà passé l'étape d'avoir les moments de jeûne à mon rythme jusqu'à ce que, je reçoive la conviction de faire mon premier moment de jeûne de vingt et un jours. C'était ma première fois de faire un jeûne pareil. Cependant, j'avais déjà passé les étapes d'un jour à quinze jours. Mon corps et mon esprit étaient déjà forgés à se priver de nourritures. Cela a été, trois jours sans manger et sans boire. La suite a été avec de l'eau. L'Esprit m'avait convaincu que je devais le faire. Je peux vous assurer, cela n'a pas été facile, mais j'ai été soutenu par le Saint-Esprit.

Je ne vous conseille pas d'entreprendre ce genre de jeûne si vous n'avez pas reçu de Dieu une profonde conviction. La plupart du temps, ce genre de jeûne est dit jeûne de consécration. Votre corps peut en partir et votre santé aussi. Si ce n'est pas pour une consécration à un ministère, auquel le Seigneur vous a appelé et ***sous instruction expresse du Saint-Esprit***, vous ne devez pas le faire, car vous n'en avez vraiment pas besoin.

C'est aussi valable, pour les jeûnes de trente ou de quarante jours et nuits sans manger. Ne les faites pas! Dieu a appelé Moïse à rester, quarante jours et nuits sur la montagne la première fois. La deuxième fois, c'était pour se faire dicter la loi. L'Esprit, avait poussé Jésus dans le désert pour quarante jours et nuits. À quoi vous pousse l'Esprit? Tous les moments de ce genre de jeûne que vous voulez entreprendre, doivent être précédés par une profonde conviction ou poussés par le Saint-Esprit.

Conseil numéro 6 - pas pour les records

Dans le passé, certains frères prenaient plaisir à faire de longs moments de jeûne pour battre les records : « *J'ai pu faire vingt et un jours de jeûne et toi?* » ; « *J'ai fait trente jours de jeûne, et toi?* ». Certains disaient même ceci: « *je suis un grand homme de jeûne* ».

Il est très important de savoir que les affaires spirituelles n'ont pas besoin de record à battre. On jeûne pour des questions d'ordre spirituel et pour cela, vous n'avez absolument pas besoin de vous ériger en « grand homme ou femme de jeûne ». Plusieurs chrétiens, après avoir terminé le jeûne de vingt et un, de trente ou même de quarante jours, sont tombés gravement malades et ne pouvaient pas savourer « leurs records ».

C'était dommage! Normalement, à la fin de ce genre de jeûne dit de consécration, vous recevez une onction fraîche ou une augmentation de la mesure de l'onction sur vous, si cette instruction venait de Dieu. Dans le cas contraire, changez très vite votre position.

<u>Conseil numéro 7</u> - vie de jeûne

Le Seigneur Jésus nous a donné des paraboles pour que nous priions sans nous relâcher; l'apôtre Paul nous a également exhorté à prier sans cesse; l'apôtre Pierre, quant à lui, nous a invité à la vigilance en veillant et en priant. Vous comprenez qu'il n'est écrit nulle part, dans la Bible, que nous devons *jeûner sans cesse*. Eh oui, c'est cela la vérité! Vous ne pouvez et ne devez pas jeûner tous les jours de la semaine. Nous jeûnons quand il y a besoin, nécessité et surtout pour être dans la présence de Dieu. Je ne vous donnerai pas la bonne fréquence pour jeûner, mais vous devez jeûner. Organisez-vous en semaine pour jeûner, par quinzaine ou même juste une organisation mensuelle.

Si ce n'est pas pour une question de repentance ou pour un besoin en particulier, vous pouvez le faire pour vous approcher de Dieu en vue de recevoir une direction particulière, des paroles et messages inspirés, ou pour renouveler les forces spirituelles.

Il est très important de saisir que dans cette marche chrétienne, nous faisons toujours face aux forces de ténèbres, sans toutefois oublier, la lutte constante avec les œuvres de la chair que nous devons crucifier à tout prix. D'où, la réelle nécessité d'intégrer le jeûne dans notre vie chrétienne. Vous ne devez surtout pas oublier que lorsque vous jeûnez, peu importe le sujet, c'est dans le seul but que Dieu vous entende de là-haut, « *vous ne jeûnez pas comme le veut ce jour, pour que votre voix soit entendue en haut...* » **(Ésaïe 58:4).**

Pour tout ce qui précède dans ce chapitre, l'avis d'un médecin professionnel est vivement recommandé pour tous ceux qui ont des problèmes de santé et qui voudront jeûner.

Conclusion

À un moment donné de la marche chrétienne, je me suis posé la question de savoir, pourquoi le Seigneur a toujours insisté pour que nous priions, surtout que nous priions avec autant de ferveur. J'avais déjà prêché plusieurs sermons sur la prière tout en parlant de tout ce qui entoure la prière, mais la question était toujours présente: pourquoi devons-nous prier, toujours prier?

Il savait que la femme Syro-Phénicienne avait un besoin plus qu'important, concernant sa fille possédée; il savait qui était Bartimée, l'aveugle assis à un coin de rue, mendiant pour vivre. Mais il l'a laissé crier après lui, pas une fois, mais deux fois et beaucoup plus fort, pour la solution de ses yeux. Avec plusieurs paraboles, il invitait les uns et les autres à prier sans relâcher.

Certains apôtres ont parlé de la prière, notamment l'apôtre Paul et l'apôtre Pierre qui disaient respectivement, «*Priez sans cesse*» **(1 Thes 5 :17)** *et « La fin de toutes choses est proche. Soyez donc sages et sobres, pour vaquer à la prière »* **(1 pierre 4:17)**.

Plus j'essayais de comprendre, plus le Saint-Esprit me poussait à voir certaines profondeurs sur la prière et entourant la prière. Mais je peux vous assurer que ce n'est qu'une infirme partie, car la prière est comme un fleuve d'eau dont on ne connaît réellement pas la source et l'embouchure.

Et tout ce qu'il vous reste à faire, c'est de vous jeter dans ce fleuve et l'Esprit, qui connaît toutes les profondeurs de Dieu vous y conduira. Plus vous vous laisserez conduit dans ce fleuve qu'est la prière, plus vous découvrirez certaines facettes et profondeurs de Dieu, qui vous subjugueront et qui vous permettront de vous accrocher davantage à lui et de toujours l'adorer.

Au-delà des exaucements à nos prières, l'Éternel veut bien que nous le connaissions et communiions avec lui par Jésus-Christ, qui est son reflet, *« et qui, étant le reflet de sa gloire et l'empreinte de sa personne, et soutenant toutes choses par sa parole puissante, a fait la purification des péchés et s'est assis à la droite de la majesté divine dans les lieux très hauts »* **(Hébreux 1:3)**. Bien plus, dans les eaux de la prière, nous gagnons une consistance spirituelle qui est la finalité de Dieu pour nous, Jésus en nous: « *Mes enfants, pour qui j'éprouve de nouveau les douleurs de l'enfantement, jusqu'à ce que Christ soit formé en vous* » **(Galates 4:19).**

Car au bout du compte, si le Seigneur Jésus-Christ est en vous, vous avez tout gagné, l'espérance glorieuse: « *à qui Dieu a voulu faire connaître quelle est la glorieuse richesse de ce mystère parmi les païens, savoir: Christ en vous, l'espérance de la gloire* » **(Colossiens 1:27).**

J'espère fortement que ce voyage sur les mystères de la prière volume 1, vous a fait énormément de bien spirituel tout en vous poussant à enrichir votre relation avec le père, en Jésus-Christ et par la communion du Saint-Esprit.